GRöLS Verlage

„Bücher sind wie Fallschirme. Sie nützen uns nichts, wenn wir sie nicht öffnen."

Gröls Verlag

Redaktionelle Hinweise und Impressum

Das vorliegende Werk wurde zugunsten der Authentizität sehr zurückhaltend bearbeitet. So wurden etwa ursprüngliche Rechtschreibfehler regelmäßig *nicht* behoben, denn kleine Unvollkommenheiten machen das Buch – wie im Übrigen den Menschen – erst authentisch. Mitunter wurden jedoch zum Beispiel Absätze behutsam neu getrennt, um den Lesefluss zu erleichtern.

Um die Texte zu rekonstruieren, werden antiquarische Bücher von Lesegeräten gescannt und dann durch eine Software lesbar gemacht. Der so entstandene Text wird von Menschen gegengelesen und korrigiert – hierbei treten auch Fehler auf. Wenn Sie ebenfalls antiquarische Texte einreichen möchten, finden Sie weitere Informationen auf www.groels.de

Viel Freude bei der Lektüre wünscht Ihnen das Team des Gröls-Verlags.

Adressen

Verleger: Hermann-Josef Gröls,

Im Borngrund 26, 61440 Oberursel

Externer Dienstleister für Distribution & Herstellung:

BoD, In de Tarpen 42, 22848 Norderstedt

Unsere „Edition | Werke der Weltliteratur“ hat den Anspruch, eine der größten und vollständigsten Sammlungen klassischer Literatur in deutscher Sprache zu werden. Nach und nach versammeln wir hier nicht nur die „üblichen Verdächtigen“ von Goethe bis Schiller, sondern auch Kleinode der vergangenen Jahrhunderte, die – zu Unrecht – drohen, in Vergessenheit zu geraten. Wir kultivieren und kuratieren damit einen der wertvollsten Bereiche der abendländischen Kultur. Kleine Auswahl:

Francis Bacon • Neues Organon • **Balzac** • Glanz und Elend der Kurtisanen • **Joachim H. Campe** • Robinson der Jüngere • **Dante Alighieri** • Die Göttliche Komödie • **Daniel Defoe** • Robinson Crusoe • **Charles Dickens** • Oliver Twist • **Denis Diderot** • Jacques der Fatalist • **Fjodor Dostojewski** • Schuld und Sühne • **Arthur Conan Doyle** • Der Hund von Baskerville • **Marie von Ebner-Eschenbach** • Das Gemeindekind • **Elisabeth von Österreich** • Das Poetische Tagebuch • **Friedrich Engels** • Die Lage der arbeitenden Klasse • **Ludwig Feuerbach** • Das Wesen des Christentums • **Johann G. Fichte** • Reden an die deutsche Nation • **Fitzgerald** • Zärtlich ist die Nacht • **Flaubert** • Madame Bovary • **Gorch Fock** • Seefahrt ist not! • **Theodor Fontane** • Effi Briest • **Robert Musil** • Über die Dummheit • **Edgar Wallace** • Der Frosch mit der Maske • **Jakob Wassermann** • Der Fall Maurizius • **Oscar Wilde** • Das Bildnis des Dorian Grey • **Émile Zola** • Germinal • **Stefan Zweig** • Schachnovelle • **Hugo von Hofmannsthal** • Der Tor und der Tod • **Anton Tschechow** • Ein Heiratsantrag • **Arthur Schnitzler** • Reigen • **Friedrich Schiller** • Kabale und Liebe • **Nicolo Machiavelli** • Der Fürst • **Gotthold E. Lessing** • Nathan der Weise • **Augustinus** • Die Bekenntnisse des heiligen Augustinus • **Marcus Aurelius** • Selbstbetrachtungen • **Charles Baudelaire** • Die Blumen des Bösen • **Harriett Stowe** • Onkel Toms Hütte • **Walter Benjamin** • Deutsche Menschen • **Hugo Bettauer** • Die Stadt ohne Juden • **Lewis Caroll** • *und viele mehr….*

Inhalt

Gedichte
Clemens Brentano

Simphonie

Ruhe! – die Gräber erbeben;
Ruhe! – und heftig hervor
Stürzt aus der Ruhe das Leben,
Strömt aus sich selbsten empor
Die Menge, vereinzelt im Chor.
Schaffend eröffnet der Meister
Gräber – Geborener Tanz
Schweben die tönenden Geister;
Schimmert im eigenen Glanz
Der Töne bunt wechselnder Kranz.
Alle in einem verschlungen,
Jeder im eigenen Klang,
Mächtig durchs Ganze geschwungen,
Eilet der Geister Gesang
Gestaltet die Bühne entlang.
Heilige brausende Wogen,

Ernst und wollüstige Glut
Strömet in schimmernden Bogen,
Sprühet in klingender Wut
Des Geistertanz silberne Flut.
Alle in einem erstanden,
Sind sie sich selbst nicht bewußt
Daß sie sich einzeln verbanden;
Fühlt in der eigenen Brust
Ein jeder vom Ganzen die Lust.
Aber im inneren Leben
Fesselt der Meister das Sein;
Läßt sie dann ringen und streben;
Handelnd durcheilet die Reihn
Das Ganze im einzelnen Schein.

Phantasie

(Für Flöte, Klarinette, Waldhorn und Fagott)

Flöte

Stille Blumen,
In der Liebe Heiligtumen
Nicht entsprossen,
Welken nieder.
Süße Lieder,

Ohne Echo hingeflossen,

Kehren nimmer wieder.

Klarinette

Doch zeiget der Spiegel im Quelle,

So freundlich und helle,

Das eigne Gebild;

Wie's flüchtig in rastloser Schnelle

Sich eilend geselle,

Und Welle an Welle

Dem Leben entquillt.

Fagott

Wohnen nicht klar in mir

Des Geistes Gestalten;

Leben, so will ich Dir

Den Busen entfalten;

Wer den eignen Ton nicht hört,

Lausche, bis er wiederkehrt –

Widerschein

Blickt ins dunkle Herz herein.

Waldhorn

Des Vorhangs leises Beben
Erschreckt mich nicht,
Und kann ich nicht erstreben
Das eigne Licht:
So wandl' ich schön und stille
Ein Kind dahin:
Mich grüßt durch fromme Hülle
Ein heilger Sinn.

Alle

Es eilet jed' Leben die eigene Bahn;
Es schauet der Spiegel den Menschen nicht an;
Es küsset die Welle die Welle so gerne,
Und reißet vom Ganzen nicht Einer sich los;
Doch blüht einem jeden das Ganze im Schoß,
Und tief durch den Schleier, da weht es von ferne.

Flöte

Helle Sterne
Blinken aus der weiten Ferne
Fremdes Licht –

Und die Tränen,

Die sich nach dem Freunde sehnen,

Siehst Du nicht.

Waldhorn

Es wandelt voll Liebe im Leben

Die Sonn und das Mondlicht herauf;

Doch, wenn wir das eigne nicht geben,

Schließt nimmer der Schatz sich uns auf.

Fagott

Was wir suchen, ach, das wohnet,

Unerkannt

Uns im Herzen, unbelohnet;

Und die Hand

Haschet stets nach äußerm Schimmer.

Was wir nicht umfassen,

Das müssen wir lassen;

Denn wir fassen's sicher nimmer.

Klarinette

Die ganze Welt

Umwölbet ein Zelt,
Über jeglicher Pforte
Stehn goldne Worte.
Das Aug der Sonne glühet
Zur Blume, die aufsteht,
Den heißen Gruß;
Auf Mondeslippen blühet
Der Blume, die heimgeht,
Der stille Kuß.
Und wer mit beiden
Nicht kindlich spricht,
Dem leuchtet kein Licht,
Der findet den Ein- und den Ausgang nicht,
Der kann nicht kommen, nicht scheiden.

Alle

Und wer sich mit Liebe nicht selber umarmt,
Für den ist das Leben zum Bettler verarmt.
In eigenem Busen muß alles erklingen,
Und daß der Sinn leicht finden es kann,
Hat's viele buntfarbige Kleider an,
Und Hülle und Geist sich zum Leben verschlingen.

So weit als die Welt,
So mächtig der Sinn,
So viel Fremde er umfangen hält,
So viel Heimat ist ihm Gewinn.

Die Seufzer des Abendwinds wehen
So jammernd und bittend im Turm;
Wohl hör ich um Rettung dich flehen,
Du ringst mit den Wogen, versinkest im Sturm.
Ich seh dich am Ufer; es wallet
Ein traurendes Irrlicht einher.
Mein liebendes Rufen erschallet,
Du hörest, du liebest, du stürzest ins Meer.
Ich lieb und ich stürze verwegen
Dir nach in die Wogen hinab,
Ich komme dir sterbend entgegen,
Ich ringe, du sinkest, ich teile dein Grab.
Doch stürzt man den Stürmen des Lebens
Von neuem mich Armen nun zu.
Ich sinke; ich ringe vergebens,

Ach nur in dem Abgrund des Todes ist Ruh.
Da schwinden die ewigen Fernen,
Da endet kein Leben mit dir.
Ich kenn deinen Blick in den Sternen,
Ach sieh nicht so traurig, hab Mitleid mit mir!

Wenn der Sturm das Meer umschlinget,
Schwarze Locken ihn umhüllen,
Beut sich kämpfend seinem Willen
Die allmächtge Braut und ringet,
Küsset ihn mit wilden Wellen,
Blitze blicken seine Augen,
Donner seine Seufzer hauchen,
Und das Schifflein muß zerschellen.
Wenn die Liebe aus den Sternen
Niederblicket auf die Erde,
Und dein Liebstes Lieb begehrte,
Muß dein Liebstes sich entfernen.
Denn der Tod kömmt still gegangen,
Küsset sie mit Geisterküssen,
Ihre Augen dir sich schließen,
Sind im Himmel aufgegangen.

Rufe, daß die Felsen beben,
Weine tausend bittre Zähren,
Ach, sie wird dich nie erhören,
Nimmermehr dir Antwort geben.
Frühling darf nur leise hauchen,
Stille Tränen niedertauen,
Komme, willst dein Lieb' du schauen,
Blumen öffnen dir die Augen.
In des Baumes dichten Rinden,
In der Blumen Kelch versunken,
Schlummern helle Lebensfunken,
Werden bald den Wald entzünden.
In uns selbst sind wir verloren,
Bange Fesseln uns beengen,
Schloß und Riegel muß zersprengen,
Nur im Tode wird geboren.
In der Nächte Finsternissen
Muß der junge Tag ertrinken,
Abend muß herniedersinken,
Soll der Morgen dich begrüßen.
Wer rufet in die stumme Nacht?
Wer kann mit Geistern sprechen?

Wer steiget in den dunkeln Schacht,
Des Lichtes Blum' zu brechen?
Kein Licht scheint aus der tiefen Gruft,
Kein Ton aus stillen Nächten ruft.
An Ufers Ferne wallt ein Licht,
Du möchtest jenseits landen;
Doch fasse Mut, verzage nicht,
Du mußt erst diesseits stranden.
Schau still hinab, in Todes Schoß
Blüht jedes Ziel, fällt dir dein Los.
So breche dann, du tote Wand,
Hinab mit allen Binden;
Ein Zweig erblühe meiner Hand,
Den Frieden zu verkünden.
Ich will kein Einzelner mehr sein,
Ich bin der Welt, die Welt ist mein.
Vergangen sei vergangen,
Und Zukunft ewig fern;
In Gegenwart gefangen
Verweilt die Liebe gern,
Und reicht nach allen Seiten
Die ewgen Arme hin,

Mein Dasein zu erweiten,
Bis ich unendlich bin.
So tausendfach gestaltet,
Erblüh ich überall,
Und meine Tugend waltet
Auf Berges Höh, im Tal.
Mein Wort hallt von den Klippen,
Mein Lied vom Himmel weht;
Es flüstern tausend Lippen
Im Haine mein Gebet.
Ich habe allem Leben
Mit jedem Abendrot
Den Abschiedskuß gegeben,
Und jeder Schlaf ist Tod.
Es sinkt der Morgen nieder,
Mit Fittichen so lind,
Weckt mich die Liebe wieder,
Ein neugeboren Kind.
Und wenn ich einsam weine,
Und wenn das Herz mir bricht,
So sieh im Sonnenscheine
Mein lächelnd Angesicht.

Muß ich am Stabe wanken,
Schwebt Winter um mein Haupt,
Wird nie doch dem Gedanken
Die Glut und Eil geraubt.
Ich sinke ewig unter,
Und steige ewig auf,
Und blühe stets gesunder
Aus Liebes-Schoß herauf.
Das Leben nie verschwindet,
Mit Liebesflamm' und Licht
Hat Gott sich selbst entzündet
In der Natur Gedicht.
Das Licht hat mich durchdrungen,
Und reißet mich hervor;
Mit tausend Flammenzungen
Glüh ich zur Glut empor.
So kann ich nimmer sterben,
Kann nimmer mir entgehn;
Denn um mich zu verderben,
Müßt Gott selbst untergehn.

Die Liebe fing mich ein mit ihren Netzen,

Und Hoffnung bietet mir die Freiheit an;
Ich binde mich den heiligen Gesetzen,
Und alle Pflicht erscheint ein leerer Wahn.
Es stürzen bald des alten Glaubens Götzen,
Zieht die Natur mich so mit Liebe an.
O süßer Tod, in Liebe neu geboren,
Bin ich der Welt, doch sie mir nicht verloren.

Schnell nieder mit der alten Welt,
Die neue zu erbauen.
Der, dem die Liebe sich gesellt,
Darf nicht nach Trümmern schauen.
Aus Kraft und nicht aus Reue dringt,
Was die Vergangenheit verschlingt.

Sonett

Es saß ein Kind ganz still zu meinen Füßen,
Und spielte froh mit freundlichen Gedanken,
Es blickt mich an, bis ihm die Blicke sanken,
Und goldne ferne Lande sich erschließen,
Von allen Seiten dringt ein süßes Grüßen,

Das alte Leben muß nun abwärts wanken,
Daß neue frohe Zweige grün umranken
Und rund umher ihm zarte Blumen sprießen.
Das Kind erwacht, und fraget mich mit Bangen,
Ob andern wohl ein solcher Traum gelinge,
Ob ich's allein mit Zauberei umfangen,
Daß dankbar es die Arme um mich schlinge.
Da rötet mir Verwunderung die Wangen
Woher das Kind die kühne Frag erschwinge.

Auf Dornen oder Rosen hingesunken? –
– Ob leiser Atem von den Lippen fließt –
– Ob ihr der Krampf den kleinen Mund verschließt –
– Kein Öl der Lampe? – oder keinen Funken? –
Der Jüngling – betend – tot – im Schlafe trunken?
– Ob er der Jungfrau höchste Gunst genießt –
Was ist's? das der gefallne Becher gießt –
– Hat Gift, hat Wein, hat Balsam sie getrunken –
Und sieh! des Knaben Arme Flügel werden –
– Nein Mantelsfalten, – Leichentuches Falten
Um sie strahlt Heilgenschein – zerraufte Haare –

O deute die undeutlichen Geberden,
O laß des Zweifels schmerzliche Gewalten –
Enthüll, verhüll das Freudenbett – die Bahre.
Als hohe in sich selbst verwandte Mächte
In heilger Ordnung bildend sich gereiht,
Entzündete im wechslenden Geschlechte
Die Liebe lebende Beweglichkeit,
Und ward im Beten tiefgeheimer Nächte,
Dem Menschen jene Fremde eingeweiht,
Ein stilles Heimweh ist mit dir geboren,
Hast du gleich früh den Wanderstab verloren.
Die Töne ziehn dich hin, in sanften Wellen,
Rauscht leis ihr Strom in Ufern von Kristall,
Sirenen buhlen mit der Fahrt Gesellen,
Aus Bergestiefen grüßt sie das Metall,
Der Donner betet, ihre Segel schwellen,
Aus Ferne rufet ernste Widerhall;
Die Wimpeln wehn in bunten Melodien,
O wolltest du mit in die Fremde ziehen.
Die Farben spannen Netze aus, und winken
Dir mit des Aufgangs lebenstrunknem Blick,
In ihren Strahlen Brüderschaft zu trinken.

Am Berge weilen sie, und sehn zurück –
Willst du nicht auch zur Heimat niedersinken?
Denn von den Sternen dämmert dein Geschick,
Die fremde Heimat, spricht es, zu ergründen,
Sollst du des Lichtes Söhnen dich verbünden,
Auch magst du leicht das Vaterland erringen,
Hast du der Felsen hartes Herz besiegt,
Der Marmor wird in süßem Schmerz erklingen,
Der tot und stumm in deinem Wege liegt:
Wenn deine Arme glühend ihn umschlingen,
Daß er sich deinem Bilde liebend schmiegt;
Dann führt dich gern zu jenen fremden Landen,
Dein Gott, du selbst, aus ihm und dir erstanden.
Dich schreckt so stiller Gang, so schwer Bemühen,
Du sehnest dich in alle Liebe hin,
Des Marmors kalte Lippe will nicht glühen,
Die Farbe spottet deiner Hände Sinn,
Die Töne singen Liebe dir und fliehen,
Gewinnst du nicht, so werde selbst Gewinn,
Entwickle dich in Form, und Licht, und Tönen,
So wird der Heimat Bürgerkranz dich krönen.
O freier Geist, du unerfaßlich Leben,

Gesang der Farbe, Formen-Harmonie,
Gestalt des Tons, du hell lebendig Weben,
In Nacht und Tod, in Stummheit Melodie,
In meines Busens Saiten tonlos Beben,
Ersteh' in meiner Seele Poesie:
Laß mich in ihrer Göttin Wort sie grüßen,
Daß sich der Heimat Tore mir erschließen.
Ein guter Bürger will ich Freiheit singen,
Der Liebe Freiheit, die in Fremde rang,
Will In der Schönheit Grenzen Kränze schlingen,
Um meinen Ruf, des Lebens tiefsten Klang,
Mir eignen, ihn mit Lied und Lieb erringen,
Bis brautlich ganz in Wonne mein Gesang,
Gelöst in Lust und Schmerz das Widerstreben,
Und eigner Schöpfung Leben niederschweben.

Unter des lebenden
Grünenden Tempels
Flüsternde Hallen
Komme ich irrend.
Wie sich die Eiche

Himmelwärts türmet
Wie in dem Gipfel
Ruhet des Mächtigen
Jupiters Fuß.
Und in dem Herzen
Fühl ich die Nähe
Heiliger Wesen,
Die durch die Zweige
Zu dem Olympos
Wandeln empor.
Führt mich ihr friedlichen
Geister des Haines,
Die mich umschweben
Lachend und rufend,
Führt mich zurück.
Irrende, flüchtige,
Tönende Geister,
Die ihr mit schäkernden
Lispelnden Worten
Irr mich geführt.
Hier wo in mondlichen
Nächten ihr rauschet,

Und um die wohnsame

Herrliche Eiche

Tanzend euch schwingt.

Wo ich im Taue

Freudigen Grases

Von euren flüchtigen

Goldenen Sohlen

Ehre die Spur. –

Hört mich ihr freundlichen,

Die ihr verlorene

Götter gepfleget,

Die ihr die fliehende

Daphne umarmt.

Frohe, geheime,

Lindernde Geister,

Die in des Waldes

Rührigen Schauer

Weben den Trost.

Mächtige, lebende,

Stärkende Geister,

Die in der Stämme

Alter und Jugend

Bilden die Kraft.
Wenn ich je frevlend
Eure geheiligten
Stämme verletzet,
O! so verdorre
Welkend die Hand.
Nimmer auch höhnt ich
Echo die Jungfrau,
Die mit euch wohnet,
Teilt ihr vertraulich
Liebe und Schmerz.
Führet mich heimwärts!
Bin nur ein Wandrer,
Bin kein Unsterblicher,
Der mit ambrosischen
Bissen sich nährt.
Wisset mich hungert,
Führet mich heimwärts,
Daß ich dem Freunde
Von der Dryaden
Hülfreicher Güte
Bringe die Mär.

An S.

Wie war dein Leben
So voller Glanz.
Wie war dein Morgen
So kindlich Lächlen,
Wie haben sich alle
Um dich geliebt,
Wie kam dein Abend
So betend zu dir,
Und alle beteten
An deinem Abend.
Wie bist du verstummt
In freundlichen Worten,
Und wie dein Aug brach
In sehnenden Tränen,
Ach da schwiegen alle Worte
Und alle Tränen
Gingen mit ihr.
Wohl ging ich einsam,
Wie ich jetzt gehe,
Und dachte deiner,
Mit Liebe und Treue –

Da warst du noch da
Und sprachst lächlend:
Sehne dich nimmer nach mir,
Da der Lenz noch so freudig ist
Und die Sonne noch scheint –
Am stillen Abend,
Wenn die Rosen nicht mehr glühen
Und die Töne stumm werden,
Will ich bei dir sein
In traulicher Liebe,
Und dir sagen,
Wie mir am Tage war.
Aber mich schmerzte tief,
Daß ich so einsam sei,
Und vieles im Herzen.
O warum bist du nicht bei mir!
Sprach ich, und siehst mich
Und liebst mich,
Denn mich haben manche verschmäht,
Und ich vergesse nimmer,
Wie sie falsch waren
Und ich so treu und ein Kind.

Da lächeltest du des Kindes
Im einsamen Wege,
Und sprachst: harre zum Abend,
Da bist du ruhig
Und ich bei dir in Ruhe.
Dein Herz wie war es da,
Daß du nicht trautest,
Viel Schmerzen waren in dir,
Aber du warest größer als Schmerzen,
Wie die Liebe, die süßer ist,
Als all ihr Schmerz.
Und die Armut, der du gabst,
War all dein Trost,
Und die Liebe, die du freundlich
Anderen pflegtest,
War all deine Liebe.
Einsam ging ich nicht mehr,
Du warst mir begegnet
Und blicktest mich an –
Scherzend war dein Aug
Und deine Lippe so tröstend –
Dein Herz lag gereift

In der liebenden Brust.
Freundlich sprachst du:
Nun ist bald Abend,
Gehe, vollende,
Daß wir dann ruhen,
Und sprechen vom Tage.
Wie ich mich wendete –
Ach der Weg war so schwer!
Langsam schritt ich,
Und jeder Schritt wollte wurzeln,
Ich wollte werden wie ein Baum,
All meine Arme,
Blüten und Blätter,
Sehnend dir neigen.
Oft blickte ich rückwärts
Hin, wo du warst,
Da lagen noch Strahlen,
Da war noch Sonne
Und die hohen Bäume glänzten
Im ernsten Garten,
Wo du gingst.
Ach der Abend wird nicht kommen

Und die Ruhe nicht,
Auf Erden ist keine Ruhe.
Nun ist es Abend,
Aber wo bist du?
Daß ich dir sage,
Wie der Tag war.
Warum hörtest du mich nicht,
Als du noch da warst?
Nun bin ich einsam,
Und denke deiner
Liebend und treu.
Die Sonne scheint nicht,
Und die Rosen glühen nicht,
Stumm sind die Töne –
O! warum kömmst du nicht,
Willst du nicht halten,
Was du versprachst?
Willst du nicht hören,
Soll ich nicht hören,
Wie der Tag war?
Wie war dein Leben
So voller Glanz,

Wie war dein Morgen
So kindlich Lächlen,
Wie habe ich immer
Um dich mich geliebt,
Wie kömmt dein Abend
So betend zu mir,
Und wie bete ich
An deinem Abend.
Am Tage hörtest du mich nicht,
Denn du warst der Tag,
Du kamst nicht am Abend,
Denn du bist der Abend geworden.
Wie ist der Tag verstummt
In freundlichen Worten,
Wie ist sein Aug gebrochen
In sehnenden Tränen,
Ach da schweigen alle meine Worte,
Und meine Sehnsucht zieht mit dir.

Großmutter Schlangenköchin

Maria, wo bist du zur Stube gewesen?
Maria, mein einziges Kind!

Ich bin bei meiner Großmutter gewesen,

Ach weh! Frau Mutter, wie weh!

Was hat sie dir dann zu essen gegeben?

Maria, mein einziges Kind!

Sie hat mir gebackne Fischlein gegeben.

Ach weh! Frau Mutter, wie weh!

Wo hat sie dir dann das Fischlein gefangen?

Maria, mein einziges Kind!

Sie hat es in ihrem Krautgärtlein gefangen,

Ach weh! Frau Mutter, wie weh!

Womit hat sie dann das Fischlein gefangen?

Maria, mein einziges Kind.

Sie hat es mit Stecken und Ruten gefangen.

Ach weh! Frau Mutter, wie weh!

Wo ist denn das Übrige vom Fischlein hinkommen?

Maria, mein einziges Kind!

Sie hat's ihrem schwarzbraunen Hündlein gegeben,

Ach weh! Frau Mutter, wie weh!

Wo ist dann das schwarzbraune Hündlein hinkommen?

Maria, mein einziges Kind!

Es ist in tausend Stücke zersprungen.

Ach weh! Frau Mutter, wie weh!

Maria, wo soll ich dein Bettlein hin machen?
Maria, mein einziges Kind!
Du sollst mir's auf den Kirchhof machen.
Ach weh! Frau Mutter, wie weh!

Annonciatens Bild

Am Hügel sitzt sie, wo von kühlen Reben
Ein Dach sich wölbt durchrankt von bunter Wicke,
Im Abendhimmel ruhen ihre Blicke,
Wo goldne Pfeile durch die Dämmrung schweben.
Orangen sind ihr in den Schoß gegeben
Zu zeigen, wie die Glut sie nur entzücke,
Und länger weilt die Sonne, sieht zurücke
Zum stillen Kinde in das dunkle Leben.
Der freien Stirne schwarze Locken kränzet
Ihr goldner Pomeranzen süße Blüte,
Zur Seite sitzt ein Pfau, der in den Strahlen
Der Sonne, der er sehnend ruft, erglänzet.
Mit solchen Farben wollte das Gemüte
Von Annonciata fromm ein Künstler malen.

Mariens Bild

Im kleinen Stübchen, das von ihrer Seele
An reiner Zierde uns ein Abbild schenket,
Sitzt sie und stickt, den holden Blick gesenket,
Daß sich ins reine Werk kein Fehler stehle.
Was ihres Busens keuscher Flor verhehle
Und ihre Hand in stillem Fleiße lenket,
Die Lilie an ihrer Seite denket,
Das Täubchen dir in ihrem Schoß erzähle.
Durchs Fenster sehen linde Sonnenstrahlen,
Die Josephs Bild, das eine Wand bedecket,
Mit ihrem frohen Glanze heller malen,
Und wär der Schein der Taube zu vereinen,
Die sie herabgebückt im Schoß verstecket,
Marie würde Mutter Gottes scheinen.

Loreley

Zu Bacharach am Rheine
Wohnt eine Zauberin,
Sie war so schön und feine

Und riß viel Herzen hin.

Und brachte viel zu schanden
Der Männer rings umher,
Aus ihren Liebesbanden
War keine Rettung mehr.

Der Bischof ließ sie laden
Vor geistliche Gewalt –
Und mußte sie begnaden,
So schön war ihr Gestalt.

Er sprach zu ihr gerühret:
„Du arme Lore Lay!
Wer hat dich denn verführet
Zu böser Zauberei?“

„Herr Bischof laßt mich sterben,
Ich bin des Lebens müd,
Weil jeder muß verderben,
Der meine Augen sieht.

Die Augen sind zwei Flammen,
Mein Arm ein Zauberstab –
O legt mich in die Flammen!
O brechet mir den Stab!“

„Ich kann dich nicht verdammen,

Bis du mir erst bekennt,
Warum in diesen Flammen
Mein eigen Herz schon brennt.
Den Stab kann ich nicht brechen,
Du schöne Lore Lay!
Ich müßte dann zerbrechen
Mein eigen Herz entzwei."
„Herr Bischof mit mir Armen
Treibt nicht so bösen Spott,
Und bittet um Erbarmen,
Für mich den lieben Gott.
Ich darf nicht länger leben,
Ich liebe keinen mehr –
Den Tod sollt Ihr mir geben,
Drum kam ich zu Euch her. –
Mein Schatz hat mich betrogen,
Hat sich von mir gewandt,
Ist fort von hier gezogen,
Fort in ein fremdes Land.
Die Augen sanft und wilde,
Die Wangen rot und weiß,
Die Worte still und milde

Das ist mein Zauberkreis.
Ich selbst muß drin verderben,
Das Herz tut mir so weh,
Vor Schmerzen möcht ich sterben,
Wenn ich mein Bildnis seh.
Drum laßt mein Recht mich finden,
Mich sterben, wie ein Christ,
Denn alles muß verschwinden,
Weil er nicht bei mir ist."
Drei Ritter läßt er holen:
„Bringt sie ins Kloster hin,
Geh Lore! – Gott befohlen
Sei dein berückter Sinn.
Du sollst ein Nönnchen werden,
Ein Nönnchen schwarz und weiß,
Bereite dich auf Erden
Zu deines Todes Reis'."
Zum Kloster sie nun ritten,
Die Ritter alle drei,
Und traurig in der Mitten
Die schöne Lore Lay.
„O Ritter laßt mich gehen,

Auf diesen Felsen groß,
Ich will noch einmal sehen
Nach meines Lieben Schloß.
Ich will noch einmal sehen
Wohl in den tiefen Rhein,
Und dann ins Kloster gehen
Und Gottes Jungfrau sein.“
Der Felsen ist so jähe,
So steil ist seine Wand,
Doch klimmt sie in die Höhe,
Bis daß sie oben stand.
Es binden die drei Ritter,
Die Rosse unten an,
Und klettern immer weiter,
Zum Felsen auch hinan.
Die Jungfrau sprach: „da gehet
Ein Schifflein auf dem Rhein,
Der in dem Schifflein stehet,
Der soll mein Liebster sein.
Mein Herz wird mir so munter,
Er muß mein Liebster sein!“ –
Da lehnt sie sich hinunter

Und stürzet in den Rhein.

Die Ritter mußten sterben,

Sie konnten nicht hinab,

Sie mußten all verderben,

Ohn Priester und ohn Grab.

Wer hat dies Lied gesungen?

Ein Schiffer auf dem Rhein,

Und immer hats geklungen

Von dem drei Ritterstein:

Lore Lay

Lore Lay

Lore Lay

Als wären es meiner drei.

Bei Bacharach steht dieser Felsen, Lore Lay genannt, alle vorbeifahrende Schiffer rufen ihn an und freuen sich dies vielfachen Echos.

Die Liebe lehrt

Mich lieblich reden,

Da Lieblichkeit

Mich lieben lehrte.

Arm bin ich nicht

In Deinen Armen,

Umarmst du mich

Du süße Armut.

Wie reich bin ich

In Deinem Reiche,

Der Liebe Reichtum

Reichst du mir.

O Lieblichkeit!

O reiche Armut!

Umarme mich

In Liebesarmen.

Hör, es klagt die Flöte wieder,

Und die kühlen Brunnen rauschen.

Golden wehn die Töne nieder,

Stille, stille, laß uns lauschen!

Holdes Bitten, mild Verlangen,

Wie es süß zum Herzen spricht!

Durch die Nacht, die mich umfangen,

Blickt zu mir der Töne Licht.

Wie sich auch die Zeit will wenden, enden
Will sich nimmer doch die Ferne,
Freude mag der Mai mir spenden, senden
Möcht Dir alles gerne, weil ich Freude nur erlerne,
Wenn Du mit gefaltnen Händen
Freudig hebst der Augen Sterne.
Alle Blumen mich nicht grüßen, süßen
Gruß nehm ich von Deinem Munde.
Was nicht blühet Dir zu Füßen, büßen
Muß es bald zur Stunde, eher ich auch nicht gesunde,
Bis Du mir mit frohen Küssen
Bringest meines Frühlings Kunde.
Wenn die Abendlüfte wehen, sehen
Mich die lieben Vöglein kleine
Traurig an der Linde stehen, spähen
Wen ich wohl so ernstlich meine, daß ich helle Tränen weine,
Wollen auch nicht schlafen gehen,
Denn sonst wär ich ganz alleine.
Vöglein euch mag's nicht gelingen, klingen
Darf es nur von ihrem Sange,
Wie des Maies Wonneschlingen, fingen
Alles ein in neuem Zwange; aber daß ich Dein verlange

Und Du mein, mußt Du auch singen,
Ach das ist schon ewig lange.

Wenn ich ein Bettelmann wär

Käm ich zu Dir,
Säh Dich gar bittend an
Was gäbst Du mir? –
Der Pfennig hilft mir nicht
Nimm ihn zurück,
Goldner als golden glänzt
Allen Dein Blick;
Und was Du allen gibst
Gebe nicht mir
Nur was mein Aug begehrt
Will ich von Dir.
Bettler wie helf ich Dir? –
Sprächst Du nur so,
Dann wär im Herzen ich
Glücklich und froh.
Laufst auf Dein Kämmerlein
Holst ein Paar Schuh

Die sind mir viel zu klein,

Sieh einmal zu. –

Sieh nur wie klein sie sind

Drücken mich sehr,

Jungfrau süß lächelst Du

O gib mir mehr.

Lieb und Leid im leichten Leben

Sich erheben, abwärts schweben,

Alles will das Herz umfangen,

Nur Verlangen, nie erlangen,

In dem Spiegel all ihr Bilder,

Blicket milder, blicket wilder,

Kann doch Jugend nichts versäumen

Fort zu träumen, fort zu schäumen.

Frühling soll mit süßen Blicken

Mich entzücken und berücken,

Sommer mich mit Frucht, und Mirten,

Reich bewirten, froh umgürten.

Herbst du sollst mich Haushalt lehren,

Zu entbehren, zu begehren,

Und du Winter lehr mich sterben,

Mich verderben, Frühling erben,
Wasser fallen um zu springen,
Um zu klingen, um zu singen,
Schweig ich stille, wie und wo?
Trüb und froh, nur so, so!

Am Rheine schweb ich her und hin
Und such den Frühling auf
So schwer mein Herz, so leicht mein Sinn
Wer wiegt sie beide auf.
Die Berge drängen sich heran,
Und lauschen meinem Sang,
Sirenen schwimmen um den Kahn,
Mir folget Echoklang.
O halle nicht, du Widerhall,
O Berge kehrt zurück,
Gefangen liegt so eng und bang
Im Herzen Liebesglück.
Sirenen tauchet in die Flut,
Mich fängt nicht Lust nicht Spiel,
Aus Wasserskühle trink ich Glut,
Und ringe froh zum Ziel.

O wähnend Lieben, Liebes Wahn,
Allmächtiger Magnet,
Verstoße nicht des Sängers Kahn,
Der stets nach Süden geht.
O Liebes Ziel so nah so fern,
Ich hole dich noch ein,
Die Frommen führt der Morgenstern,
Ja all zum Krippelein.
Geweihtes Kind erlöse mich,
Gib meine Freude los,
Süß Blümlein ich erkenne dich,
Du blühest mir mein Los,
In Frühlingsauen sah mein Traum
Dich Glockenblümlein stehn,
Vom blauen Kelch zum goldnen Saum,
Hab ich zu viel gesehn,
Du blauer Liebeskelch in dich
Sank all mein Frühling hin,
Vergifte mich, umdüfte mich,
Weil ich dein eigen bin.
Und schließest du den Kelch mir zu
Wie Blumen abends tun,

So lasse mich die letzte Ruh
Zu deinen Füßen ruhn.

1. Es sang vor langen Jahren
Wohl auch die Nachtigall,
Das war wohl süßer Schall
Da wir zusammen waren
2.Ich sing und kann nicht weinen
Und spinne so allein,
Den Faden klar und rein
So lang der Mond wird scheinen
3.Da wir zusammen waren
Sang süß die Nachtigall
Nun mahnet mich ihr Schall
Daß du von mir gefahren
4.So oft der Mond mag scheinen,
Gedenk ich dein allein,
Mein Herz ist klar und rein,
Gott wolle uns vereinen
5.Seit du von mir gefahren
Singt stets die Nachtigall
Ich denk bei ihrem Schall

Wie wir zusammen waren
6.Gott wolle uns vereinen,
Hier spinn ich so allein,
Der Mond scheint klar und rein,
Ich sing und möchte weinen.

Die Rose blüht, ich bin die fromme Biene,
Die in der Blätter keuschen Busen sinkt,
Und milden Tau und süßen Honig trinkt,
Doch lebt ihr Glanz und bleibet ewig grüne.
So singt mein tiefstes Freudenlied,
Ach meine Rose blüht!
Die Rose blüht, o Sonnenschein verziehe,
Daß lange noch der liebe Sommer währt,
Und mir kein Sturm die süße Lust versehrt,
Daß all mein Heil aus dieser Rose blühe
So freut sich innig mein Gemüt,
Weil meine Rose blüht!
Die Rose blüht, und lacht vor andern Rosen,
Mit solcher Huld, und Liebesmildigkeit,
Daß gern mein Sinn sich zu der Pflicht erbeut,
Mit andern Blumen nie mehr liebzukosen,

Weil alle Liebe, die erglüht, Aus dir du Rose blüht!

Kaum hörst du auf, so fang ich an,
Dich erst recht zu vermissen,
Ich habe ein Gelübd getan,
Kein andres Weib zu küssen
Gewaltig, regt es sich in mir,
Zu leben und zu lieben,
O süße Frau wär ich bei dir,
Ich wollt dich nicht betrüben.
Du letzter Preis von Lieb und Lust,
Wie konnte ich dich quälen,
Ach hätt ich jemals was gewußt,
Wie könnt ich dann erzählen.
Die Lippe schließt der Liebe Kuß,
Ich hab ihn nie empfangen,
Es rühmt sich nur der Überdruß,
Es seufzt nur das Verlangen.
Kaum hörst du auf, so fang ich an
Versäumnis muß ich büßen,
O wandelte die Lust mich an
Ein andres Weib zu küssen.

Mein Kuß ist jung, mein Kuß ist alt,
Ich küß mit weisen Listen,
Es würde Liebe und Gewalt
Die Untreu dir nicht fristen
So lebe wohl, verzeihe dir!
Die keusche Bahn zu wandten,
Ich lebe wohl, verzeihe mir,
Im Traum Dich zu –
mißhandlen.

Es setzten zwei Vertraute
Zum Rhein den Wanderstab,
Der braune trug die Laute,
Das Lied der blonde gab.

Es stehet im Abendglanze

Ein freies heiliges Haus
Da sehen mit schimmernden Augen
Viel Knaben und Jungfraun heraus,
Dort hab ich mein Liebchen gesehen
Ein freundliches zierliches Kind,
Sie konnte wohl schweben und drehen,

Wie fallende Blüten im Wind

Und die in dem Hause wohnen

Sind heilig und wissen es nicht

Sie leben mit Kränzen und Kronen

Alltäglich ein neues Gedicht

Sie sind gleich den Göttern und handlen

Wohl täglich in andrer Gestalt,

Mein Liebchen wird auch sich verwandlen

O Liebchen, wo bist du geblieben,

Ich steh vor dem schimmernden Haus,

Und will dich bescheiden nur lieben

O Liebchen o sehe heraus

Ich will dein pflegen und warten,

Im Herzen so treu, als ich kann,

Da seh ich dich sitzen im Garten

Wohl bei einem reichen Mann.

So kauf ich mir Rechen und Spaten

Bind mir ein grün Schürzelein vor

Und poche wohl als ein Gärtner

An des reichen Mannes Tor

Tu auf, tu auf den Garten,

Ich will dir wohl ohne Sold

Die Blumen all pflegen und warten
Sie sind ja mein Silber und Gold.
So sei mir o Gärtner willkommen
Zieh hoch die Blumen mir
Zieh lang sie zu blühenden Ketten
Ich habe ein Vögelchen hier,
Zieh hoch und dicht eine Laube
Zieh mir ein Gitterhaus
Daß keiner mein Vogelchen raube,
Und es nicht fliege aus,
Da klingt wohl sanft und süße
Im Garten ein heilig Lied
Die Bäume senden Grüße,
Die Blume lauschend blüht,
Da seh ich mein Liebchen so weinen,
So blicken zu mir herauf,
Die Sonne will nicht mehr scheinen,
Die Blumen sie gehen nicht auf.
So hast du dann verlassen
Der Götter freies Haus
Der Locken Gold muß blassen,
Der Augen Licht geht aus

O Liebchen o sei nicht so munter,
Du hast vergeudet dein Los,
Dein Sternlein, es ging ja unter
Tief in des Meeres Schoß
Ans Meer will ich mich stellen
Betrübt im Abendschein,
Und sehen, wie in die Wellen
Versinkt dein Sternelein,
Und niedersehn und weinen,
Die Tränen all hinab,
Sie wollen sich ja vereinen
Mit deines Sternes Grab.
Dies Lied hab ich ersonnen
Wohl vor dem Zauberhaus,
Das glänzt in der Abendsonnen,
Du blickst nicht mehr heraus
Als Jugend um Liebe mußt brennen
In irrem Liebeswahn,
Da konnte sie ihn nicht erkennen,
Und blickte so hell ihn doch an.

Süßer Mai du Quell des Lebens
Bist so süßer Blumen voll
Liebe sucht auch nicht vergebens
Wem sie Kränze winden soll
Süßer Mai, mit Blumen-Glocken
Läutest du das Fest mir ein
Ich bekränze ihre Locken,
Will ein frommer Gast auch sein
Süßer Mai, zum Liebesmahle
Trägst du Blumen-Kelche ein
Blüten-Säulen stehn im Saale
Drüber wölbt sich Sonnenschein
Süßer Mai, in deinen Kelchen
Küssen fromme Bienen sich
Aber unter allen welchen
Hast du eingefüllt für mich!
Süßer Mai! du bringest nieder
Blume, Blüte, Sonnenschein,
Daß ich wisse, wem die Lieder,
Wem das Herz, das Leben weihn.

Ich wohnte unter vielen vielen Leuten
Und sah sie alle tot und stille stehn,
Sie sprachen viel von hohen Lebensfreuden
Und liebten, sich im kleinsten Kreis zu drehn;
So war mein Kommen schon ein ewig Scheiden
Und jeden hab ich einmal nur gesehn,
Denn nimmer hielt mich's, flüchtiges Geschicke
Trieb wild mich fort, sehnt ich mich gleich zurücke.
Und manchem habe ich die Hand gedrücket,
Der freundlich meinem Schritt entgegensah,
Hab in mir selbst die Kränze all gepflücket,
Denn keine Blume war, kein Frühling da,
Und hab im Flug die Unschuld mit geschmücket,
War sie verlassen meinem Wege nah;
Doch ewig ewig trieb mich's schnell zu eilen,
Konnt niemals nicht des Werkes Freude teilen.
Rund um mich war die Landschaft wild und öde,
Kein Morgenrot, kein goldner Abendschein,
Kein kühler Wind durch dunkle Wipfel wehte,
Es grüßte mich kein Sänger in dem Hain;
Auch aus dem Tal schallt keines Hirten Flöte,

Die Welt schien mir in sich erstarrt zu sein.
Ich hörte in des Stromes wildem Brausen
Des eignen Fluges kühne Flügel sausen.
Nur in mir selbst die Tiefe zu ergründen,
Senkt ich ins Herz mit Allgewalt den Blick;
Doch nimmer konnt es eigne Ruhe finden,
Kehrt trübe in die Außenwelt zurück,
Es sah wie Traum das Leben unten schwinden,
Las in den Sternen ewiges Geschick,
Und rings um mich ganz kalte Stimmen sprachen:
„Das Herz, es will vor Wonne schier verzagen."
Ich sah sie nicht die großen Süßigkeiten,
Vom Überfluß der Welt und ihrer Wahl
Mußt ich hinweg mit schnellem Fittich gleiten.
Hinabgedrückt von unerkannter Qual,
Konnt nimmer ich den wahren Punkt erbeuten
Und zählte stumm der Flügelschläge Zahl,
Von ewigen unfühlbar mächtgen Wogen
In weite weite Ferne hingezogen.

Es saß der Meister vom Stuhle,

Gar frech im eignen Kot,
Wer wagt sich zu dem Pfuhle,
Es tun ihm Prügel not,
Wer schmeißt mich über und über,
Wer bläst das Licht mir aus,
Wer gibt mir Nasenstüber,
Wer schickt mich recht nach Haus.
Und kömmt er einst zum sterben,
So stirbt sein ganzes Reich,
Die Frösche all verderben,
Krepiert er in dem Teich.
Er saß einst an der Saale,
Nun sitzt er auf dem Sand,
Und hat bei seinem Mahle
Die Esel all zur Hand.
Da sitzt er, keiner frecher,
Und platzet fast vor Wut,
Und reicht den giftigen Becher
Sich selbst und seiner Brut.
Wir sehn ihn platzen, sinken
Und stinken in eigner Schmer,

Laßt ihn nur aus sich stinken,

Dann stinkt es nimmermehr.

Gesang der Liebe als sie geboren war

O Mutter halte dein Kindlein warm

Die Welt ist kalt und helle,

Und leg es sanft in deinen Arm

An deines Herzens Schwelle.

Leg still es wo dein Busen bebt

Und hold herabgebücket,

Harr liebvoll, bis es die Äuglein hebt,

Zum Himmel selig blicket.

Du strahlender Augenhimmel du,

Du taust aus Mutteraugen

Ach Herzenspochen, ach Lust, ach Ruh!

An deinen Brüsten saugen.

Ich schau zu dir, so Tag als Nacht

Muß ewig zu dir schauen

Du mußt mir, die mich zur Welt gebracht,

Auch eine Wiege bauen.

Um diese Wiege laß Seide nicht,

Laß deinen Arm sich schlingen

Und nur deiner milden Augen Licht
Laß zu mir nieder dringen.
Und in deines keuschen Schoßes Hut
Sollst du dein Kindlein schaukeln,
Daß deine Worte so mild so gut
Wie Träume es umgaukeln.
Da träumt mir, wie ich so ganz allein,
Gewohnt dir unterm Herzen
Wie nur die Freuden und Leiden dein
Mich freuten und mich schmerzten.
Oft rief ich dir, komm! o Mutter komm!
Kühl dich in Liebeswogen,
Da fühltest du dich so sanft, so fromm
Zu dir hinabgezogen,
Mit meiner Seele hielt treu und warm
Ich dich in dir umschlungen,
Und hab dir kindisch Sorg und Harm
In Liedern weggesungen.
Was heilig in dir zu aller Stund,
Das bin ich all gewesen
O küß mich süßer Mund gesund,
Weil du an mir genesen.

So lallt zu dir mein frommes Herz,
Und nimmer lernt es sprechen,
Blickt ewig zu dir, blickt himmelwärts
Und möcht in Freude brechen,
Bricht's nicht in Freud', bricht's doch in Leid,
Bricht es uns alle beiden
Denn Wiedersehn geht fern und weit,
Und nahe geht das Scheiden.
O Mutter halte dein Kindlein warm
Die Welt ist kalt und helle
Und leg es leis, bist du zu arm,
Hin an des Grabes Schwelle.
Leg es in Linnen, die du gewebt,
Zu Blumen, die du gepflücket,
Stirb mit, daß wenn's die Äuglein hebt,
Bei Gott es dich erblicket.

Süßer Maie Blütenjunge

Bring ihr blühnde Friedenszweige,
Bitte sie mit süßer Zunge,
Daß sie dir die Blume zeige
Der sie gerne mag vertrauen

In den Busen ihr zu blicken.
Und dann will ich auf den Auen
Einen lieben Kranz ihr pflücken,
Will die Blumen sprechen lehren
„Wolle Huld der Schuld gewähren,
Die schon harte Straf erlitte.“

Laß rauschen Lieb, laß rauschen

Ich hört ein Sichlein rauschen,
Wohl rauschen durch das Korn,
Ich hört ein Mägdlein klagen,
Sie hätt ihr Lieb verlorn.
Laß rauschen Lieb, laß rauschen,
Ich acht nicht, wie es geht,
Ich tät mein Lieb vertauschen
In Veilchen und im Klee.
Du hast ein Mägdlein worben
In Veilchen und im Klee,
So steh ich hier alleine,
Tut meinem Herzen weh.
Ich hör ein Hirschlein rauschen
Wohl rauschen durch den Wald,

Ich hör mein Lieb sich klagen,
Die Lieb verrauscht so bald.
Laß rauschen, Lieb, laß rauschen,
Ich weiß nicht, wie mir wird,
Die Bächlein immer rauschen,
Und keines sich verirrt.

St. Meinrad

Graf Berthold von Sulchen, der fromme Mann,
Er führt sein Söhnlein an der Hand;
Meinrad, mein Söhnlein von fünf Jahren,
Du mußt mit mir gen Reichenau fahren.
Hatto, Hatto, nimm hin das Kind,
Alle lieben Engelein mit ihm sind;
Die geistlich Zucht mag er wohl lernen,
Und mag ein Spiegel der Münche werden.
Er ging zur Schul barfuß ohne Schuh;
Und legt die geistlich Kunst sich zu;
Die Weisheit kam ihm vor der Zeit,
Da ward er zu einem Priester geweiht.
Da schickt ihn Hatto auf den Zürcher See,
Daß er ins Klösterlein bei Jona geh;
Bei Jona zu Oberpollingen,

Da lehrt er die Münch beten und singen.
Da er lange ihr Schulmeister war,
Und ihn die Brüder ehrten gar;
Tät er oft an dem Ufer stehen,
Und nach dem wilden Gebirg hinsehen.
Sein Gewissen zog ihn zur Wüste hin,
Zur Einsamkeit stand all sein Sinn;
Er sprach zu einem Münch: Mein Bruder,
Rüst uns ein Schifflein und zwei Ruder.
Über See zur Wildnis zur Wüstenei,
Hab ich gehört gut fischen sei;
Da gehn die Fischlein in den einsamen Bächen!
Ja Herr, mein Meister, der Münch tät sprechen.
Sie fuhren gen Rapperswyl über See,
Zu einer frommen Wittib sie da gehn;
Bewahr uns die Gewand, sie zur ihr sprechen,
Daß sie uns nicht in der Wildnis zerbrechen.
Sankt Meinrad und der Bruder gut,
Sie folgten wohl der Bächlein Flut:
Sie fischten hinan in dem Flüßlein Sille,
Bis in die Alp gar wild und stille.
O Herr und Meister, lieber Sankt Meinrad,

Wir haben Fischlein schon mehr als satt;
Noch nit genug Meinrad da saget,
Steigt, wo der Finsterwald herraget.
Und da sie gegangen den dritten Tag
Im finstern Wald eine Matte lag;
Ein Born da unter Steinen quillet,
Da hat Sankt Meinrad den Durst gestillet.
Nun lieber Bruder, nun ist's genug,
Gen Rapperswyl die Fisch er trug;
Die fromm Wittib stand vor der Pforten,
Und grüßt die Münch mit frohen Worten.
Willkomm, willkomm, ihr bleibt schier lang,
Die reißende Tier, die machten mich bang;
Die Fisch, die tät sie braten und sieden,
Die aßen sie in Gottes Frieden.
Frau hört mich an durch Gott den Herrn!
Die Wittib sprach: Das tu ich gern!
Ein armer Priester hat das Begehren,
Sein Leben im Finsterwald zu verzehren.
Nun sprecht, ob hier ein Frommer leb,
Der ihm ein klein Almosen geb;
Sie sprach: Ich bin allein allhiere,

Ich werd ihm ein Almoseniere.
Da tät Sankt Meinrad ihr vertrauen,
Daß er sich wollt ein Zelle bauen;
Und kehrt nach Oberpollingen,
Tät noch ein Jahr da beten und singen.
Aber die Einsamkeit drängt ihn sehr,
Er hat kein ruhig Stund da mehr,
Und eilt nach Rapperswyl zu der Frauen,
Die ließ ihm da seine Zelle bauen.
Am Etzel wohnt er sieben Jahr,
Viel fromme Leut die kamen dar;
Seine Heiligkeit macht groß Geschrei,
Und zog da gar viel Volks herbei.
Solch weltlich Ehr bracht ihm viel Schmerz,
Sein Hüttlein rückt er waldeinwärts;
Zum finstern Wald, wo das Brünnlein quillet,
Das ihm einst seinen Durst gestillet.
Und wenn er sich das Holz abhaut,
Daraus er seine Zelle baut;
Find't er ein Nest mit jungen Raben,
Die tät er da mit Brot erlaben.
Die fromm Frau auch von Rapperswyl

Schickt ihm Almosen ein gut Teil;
So lebt er während funfzehn Jahren,
Sein Freund die beiden Raben waren.
Von Wollrau war ein Zimmermann,
Der kam da zu dem Wald heran;
Und bat auch den St. Meinrad eben,
Sein Kindlein aus der Tauf zu heben.
Da ging St. Meinrad hinab ins Land,
Dem Zimmermann zur Taufe stand;
Und kam da wieder zu vielen Ehren,
Das täten zwei böse Mörder hören.
Peter und Reinhard dachten wohl,
St. Meinrads Opferstock wär voll;
Und wie sie zum Finsterwald eintreten,
Die Raben schreien in großen Nöten.
St. Meinrad las die Meß zur Stund,
Der Herr tät ihm sein Stündlein kund;
Da betet er aus ganzer Seele,
Daß ihn der Himmel auserwähle.
Die Mörder schlagen an die Tür:
Du böser Münich tret herfür;
Tu auf, gib uns dein Geld zusammen,

Sonst stecken wir dein Haus in Flammen.

Im Finsterwald schallt's ganz verworrn,

Die Raben mehren ihren Zorn;

Um ihre Häupter sie wütend kreisen,

Nach ihren Augen hacken und beißen.

St. Meinrad sanft zu ihnen tritt,

Bringt ihnen Brot und Wasser mit;

Eßt, trinkt, ihr Gäste, seid willkommen,

Dann tut, warum ihr hergekommen.

Der Reinhard sprach: Warum komm ich?

St. Meinrad sprach: Zu töten mich;

Da schrien sie beide: Kannst du es wissen?

So werden wir's vollbringen müssen.

Nun gib dein Silber und all dein Gut!

Da schlugen sie ihn wohl aufs Blut;

Und da sie seine Armut sahen,

Täten sie ihn zu Boden schlagen.

Da sprach der liebe Gottesmann:

Ihr lieben Freund, nun hört mich an;

Zünd't mir ein Licht zu meiner Leiche,

Dann eilt, daß euch kein Feind erreiche.

Der Peter ging da zur Kapell,

Zu zünden an die Kerze hell;
Die tät durch Gott von selbst erbrennen,
Die Mörder da ihr Schuld erkennen.
Die Kerze brennt an seiner Seit,
Ein Wohlgeruch sich auch verbreit;
Sein Seel tät zu dem Himmel ziehen,
Die Mörder da erschrocken fliehen.
Aber die frommen Raben beid,
Die gaben ihnen bös Geleit;
Um ihre Häupter sie zornig kreisen,
Und ihnen Haar und Stirn zerreißen.
Durch Wollrau kamen sie gerannt,
Der Zimmermann die Raben kannt;
Da tät er seinen Bruder bitten,
Zu folgen ihren wilden Schritten.
Indes lief er in den Finsterwald,
Sucht seinen lieben Gevatter bald;
Der lag erschlagen auf grüner Heide,
Die Kerze brannt an seiner Seite.
Er küßt ihn auf den blutgen Mund,
Hüllt in den Mantel ihn zur Stund;
Legt weinend ihn in die Kapelle,

An seines heilgen Altars Schwelle.
Und eilt herunter in das Land,
Sein Jammer allen macht bekannt;
Und schickt hinauf sein Kind und Frauen,
Nach ihrem heilgen Freund zu schauen.
Die Mörder fand er im Wirtshaus,
An der Schifflande zu Zürich drauß;
Die Raben stießen die Fenster ein,
Und warfen um das Bier und Wein.
Die Mörder man ergriff und band,
Ihr Schuld, die haben sie bekannt;
Und bis hin auf den Scheiterhaufen,
Die Raben sie wohl hacken und raufen.
Der Abt zu Reichenau da hört,
Der fromm St. Meinrad sei ermörd't;
Schickt auch mit Licht und Fahn viel Brüder,
Zu holen des St. Meinrads Glieder.
Und da der Leib zum Etzel kam,
Wo er gewohnt der heilge Mann;
Da war der Sarg nicht zu bewegen,
Sie mußten ihn da niederlegen.
Sein heilig Herz und Ingeweid

Sie da begruben zu der Zeit;
Den Leib sie dann mit Beten und Singen
Nach Reichenau zur Kirche bringen.
Wo er gestorben und gelebt,
Das Kloster Einsiedeln sich erhebt;
Für fromme Pilger ein Wunderquelle,
Quillt dort in St. Meinrads Kapelle.

Über eine Skizze

Verzweiflung an der Liebe in der Liebe
In Liebeskampf? In Todes Kampf gesunken?
Ob Atem noch von ihren Lippen fließt?
Ob ihr der Krampf den kleinen Mund verschließt?
Kein Öl die Lampe? oder keinen Funken?
Der Jüngling – betend? tot? in Liebe trunken?
Ob er der Jungfrau höchste Gunst genießt?
Was ist's, das der gefallne Becher gießt?
Hat Gift, hat Wein, hat Balsam sie getrunken.
Des Jünglings Arme, Engelsflügel werden –
Nein Mantelsfalten – Leichentuches Falten.
Um sie strahlt Heilgen Schein – zerraufte Haare.
Strahl' Himmels Licht, flamm' Hölle zu der Erde

Brich der Verzweiflung rasende Gewalten,

Enthüll' – Verhüll' – das Freudenbett – die Bahre.

Singet leise, leise, leise,

Singt ein flüsternd Wiegenlied,

Von dem Monde lernt die Weise,

Der so still am Himmel zieht.

Denn es schlummern in dem Rheine

Jetzt die lieben Kindlein klein,

Ameleya wacht alleine

Weinend in dem Mondenschein.

Singt ein Lied so süß gelinde,

Wie die Quellen auf den Kieseln,

Wie die Bienen um die Linde

Summen, murmeln, flüstern, rieseln.

Hörst du, wie die Brunnen rauschen?

Hörst du, wie die Grille zirpt?

Stille, stille, laß uns lauschen,

Selig, wer in Träumen stirbt;
Selig, wen die Wolken wiegen,
Wem der Mond ein Schlaflied singt;
O! wie selig kann der fliegen,
Dem der Traum den Flügel schwingt,
Daß an blauer Himmelsdecke
Sterne er wie Blumen pflückt:
Schlafe, träume, flieg, ich wecke
Bald dich auf und bin beglückt.

An dem Feuer saß das Kind,

Amor, Amor,
Und war blind;
Mit dem kleinen Flügel fächelt
In die Flamme er und lächelt,
Fächle, lächle, schlaues Kind!
Ach, der Flügel brennt dem Kind,
Amor, Amor
Läuft geschwind!
„O, wie mich die Glut durchpeinet!"
Flügelschlagend laut er weinet,
In der Hirtin Schoß entrinnt

Hülfeschreind das schlaue Kind.
Und die Hirtin hilft dem Kind
Amor, Amor,
Bös und blind.
Hirtin, sieh, dein Herz entbrennet,
Hast den Schelm du nicht gekennet?
Sieh, die Flamme wächst geschwind,
Hüt dich vor dem schlauen Kind!

Wohlan! so bin ich deiner los

Du freches lüderliches Weib!
Fluch über deinen sündenvollen Schoß
Fluch über deinen feilen geilen Leib,
Fluch über deine lüderlichen Brüste
Von Zucht und Wahrheit leer,
Von Schand und Lügen schwer,
Ein schmutzig Kissen aller eklen Lüste.
Fluch über jede tote Stunde
Die ich an deinem lügenvollen Munde,
In ekelhafter Küsse Rausch vollbracht,
Fluch über jede gottvergeßne Nacht,
Die ich in deinem frechen Bett erhandelt,

Die ich in toller Liebe überwacht,
Wohl unter deinem Fenster hingewandelt,
Wenn du mit andern in dem Werk befangen,
Mit andrer Lüg an anderm Mund gehangen.
Mein Gott, mein Gott, er will sich mein erbarmen,
Mein Herr hat mich befreit aus deinen Armen,
Wohin dein Gott, der Satan mich geführt;
Drum hab ich nimmer dir dein Herz gerührt,
Und wie ich mochte bitten, mochte flehen,
Kein edles Wort hört ich von dir erstehen,
Du drohst, du elend Weib, dich zu ermorden,
O könntest du's, es stürb dein ganzer Orden,
Doch spar die Mühe nur, denn du bist längstens tot,
Längst faulst du in dir selbst, in Sünd und Lügenkot.
Schneidst du den Hals dir ab
Und springst du in die Spree,
Du findest nie ein Grab
Die Spreu schwimmt in der Höh
Des Todes heiliger Traum
Wird nimmer dich erlösen
Es stirbt ein grüner Baum,
Doch nie ein dürrer Besen.

Zur eignen Rute wirst du noch an deinem Rücken,
Und höchstens reicht dein Leib dir einstens schlechte Krücken.
Wohlan, du elend Weib, nun sind wir auf der Stelle
Wo wir zuerst uns sahn, ich, du, und dein Geselle,
Ich mein den Teufel, Weib, der deine Seele reitet,
Hör wie sein Flügel rauscht, den über dir er breitet,
Ich hör den dunklen Fluß, es tönt die dumpfe Welle,
Du Lügnerin leb wohl, leb schlecht hier ist die Schwelle,
Wo sich mein reuig Herz, von dir du Hexe scheidet,
Verdorren mag der Fuß, der je dein Bett beschreitet,
Ich hab dich nie gekannt, ich hab dich nie gesehen,
Es war ein böser Traum, er muß hinuntergehen,
Das lüderliche Buch, um das du mich betrogen,
Aus dem du geile Brunst für andre Lust gesogen,
Ich werfe es hinab in diese schmutzgen Wogen,
Und mit ihm werf ich hin, was ich für dich gefühlt
Daß sich die böse Glut, die mir das Herz zerwühlt
In dieses Flusses trüber Welle kühlt.
Nimm hin den Scheidekuß,
Ich geb ihn ohn Verdruß,
Von mir ist dir verziehn,
Wend dich, zu Gott dahin,

Und fleh, daß er verzeih,
Dem Sünder steht es frei
Er ist für dich, für mich, für alle uns gestorben,
Ich habe im Gebet mir Trost von ihm erworben.
Ich gab des Heilands Bild in deine schnöden Hände,
So bin durch dich ich auch zu einem Judas worden,
Den Herrn hab ich verkauft, an die ihn ermorden,
Erbarm dich meiner Seel, und zu dem Kreuz dich wende,
O mache, daß an dir dies Bild ein Wunder tut,
Und daß er dich erlöst mit seinem heilgen Blut,
So darf ich ruhig sein, daß ich so fromme Gabe
An dich, du elend Weib, so schnöd vergeudet habe,
Nun wend ich mich von dir, ich will in Friede gehn,
Ich will unschuldig nun die Sterne wieder sehn,
Ich will zu Gott dem Herrn um Hülfe für dich flehn,
Daß dich die Gnade sein barmherzig mög anwehn,
Daß einen Engel er, zu dir ermahnen sende,
Daß er dein elend Herz wie meines zu sich wende,
So gehet nicht mein Schmerz, doch Leid und Lieb zu Ende.

Die Welt war mir zuwider

Die Berge lagen auf mir
Der Himmel war mir zu nieder
Ich sehnte mich nach dir, nach dir,
O lieb Mädel wie schlecht bist du!
Ich trieb wohl durch die Gassen
Zwei lange Jahre mich
An den Ecken mußt ich passen
Und harren nur auf dich, auf dich.
O lieb Mädel wie schlecht bist du!
Und alle Liebeswunden
Die brachen auf in mir
Als ich dich endlich gefunden
Ich lebt und starb in dir, in dir!
O lieb Mädel wie schlecht bist du!
Ich hab vor deiner Türe
Die hellgestirnte Nacht,
Daß dich mein Lieben rühre
Oft liebeskrank durchwacht.
O lieb Mädel wie schlecht bist du!
Ich ging nicht zu dem Feste

Trank nicht den edlen Wein
Ertrug den Spott der Gäste
Um nur bei dir zu sein.
O lieb Mädel wie schlecht bist du!
Bin zitternd zu dir gekommen
Als wärst du ein Jungfräulein,
Hab dich in Arm genommen
Als wärst du mein allein, allein.
O lieb Mädel wie schlecht bist du!
Wie schlecht du sonst gewesen
Vergaß ich liebend in mir
Und all dein elendes Wesen
Vergab ich herzlich dir ach dir,
O lieb Mädel, wie schlecht bist du!
Als du mir nackt gegeben
Zur Nacht den kühlen Trank
Vergiftetest du mein Leben,
Da war meine Seele so krank so krank
O lieb Mädel, wie schlecht bist du!
Bergab bin ich gegangen
Mit dir zu jeder Stund,
Hab fest an dir gehangen

Und ging mit dir zu Grund.

O lieb Mädel, wie schlecht bist du!

Es hat sich an der Wunde

Die Schlange fest gesaugt

Hat mit dem giftgen Munde

Den Tod in mich gehaucht.

O lieb Mädel, wie schlecht bist du!

Und ach in all den Peinen

War ich nur gut und treu

Daß ich mich nannt den Deinen

Ich nimmermehr bereu, bereu

O lieb Mädel wie schlecht bist du!

Wie du sollst in Schönheit wallen

Und dem Herrn doch wohlgefallen?

Frag die Wiesenblümelein

Die nicht ihrer Schönheit denken,

Sich der Sonne heben, senken,

Einsam duften und allein,

Wo sie sproßten, in dem Garten

Ruhig auch den Tod erwarten

Ihrer Schönheit ewgen Samen
Gottes Lüften gern vertrauen
Freudig sterben und nicht schauen
Wo der Herr sie aus will säen in Gottes Namen.
Nichts vergehet, nichts entstehet
Alles ist unendlich da
Doch die armen Augen taugen
Nur den Tod zu sehn.
Dichter, du sollst eingestehn,
Daß die Rose, die verblichen
Du der Sterblichkeit verglichen,
Eh sie war, und da sie glühte,
Und nachdem sie längst verblühte,
Daß die Rose eh und je
Die ich hier erblassen seh,
Ewiglich in Gott florieret
Und wer dieses recht verstehet
Triumphieret:
Nichts vergehet, nichts entstehet,
Alles ist unendlich da!
28. Febr. 1815
im letzten Jahr der Poesie

und im ersten und schlechtesten der Architektur.

Frühlingsschrei eines Knechtes aus der Tiefe

1.

Meister, ohne dein Erbarmen
Muß im Abgrund ich verzagen,
Willst du nicht mit starken Armen
Wieder mich zum Lichte tragen

2.

Jährlich greifet deine Güte,
In die Erde, in die Herzen,
Jährlich weckest du die Blüte,
Weckst in mir die alten Schmerzen.

3.

Einmal nur zum Licht geboren,
Aber tausendmal gestorben,
Bin ich ohne dich verloren,
Ohne dich in mir verdorben

4.

Wenn sich so die Erde reget,
Wenn die Luft so sonnig wehet,
Dann wird auch die Flut beweget,
Die in Todesbanden stehet.

5.

Und in meinem Herzen schauert
Ein betrübter bittrer Bronnen,
Wenn der Frühling draußen lauert,
Kömmt die Angstflut angeronnen.

6.

Weh! durch giftge Erdenlagen,
Wie Zeit sie angeschwemmet,
Habe ich den Schacht geschlagen,
Und er ist nur schwach verdämmet.

7.

Wenn nun rings die Quellen schwellen,
Wenn der Grund gebärend ringet,
Brechen her die giftgen Wellen,
Die kein Fluch, kein Witz mir zwänget.

8.

Andern ruf ich, schwimme, schwimme,
Mir kann solcher Ruf nicht taugen,
Denn in mir ja steigt die grimme
Sündflut, bricht aus meinen Augen.

9.

Und dann scheinen bös Gezüchte
Mir die bunten Lämmer alle,
Die ich grüßte, süße Früchte,
Die mir reiften, bittre Galle.

10.

Herr, erbarme du dich meiner,
Daß mein Herz neu blühend werde,
Mein erbarmte sich noch keiner
Von den Frühlingen der Erde.

11.

Meister, wenn dir alle Hände
Nahn mit süßerfüllten Schalen,

Kann ich mit der bittern Spende
Meine Schuld dir nimmer zahlen

12.

Ach, wie ich auch tiefer wühle,
Wie ich schöpfe, wie ich weine,
Nimmer ich den Schwall erspüle
Zum Kristallgrund fest und reine.

13.

Immer stürzen mir die Wände,
Jede Schicht hat mich belogen,
Und die arbeitblutgen Hände
Brennen in den bittern Wogen.

14.

Weh! der Raum wird immer enger,
Wilder, wüster stets die Wogen,
Herr, o Herr! ich treib's nicht länger,
Schlage deinen Regenbogen.

15.

Herr, ich mahne dich, verschone,

Herr! ich hört in jungen Tagen,

Wunderbare Rettung wohne

Ach, in deinem Blute, sagen.

16.

Und so muß ich zu dir schreien,

Schreien aus der bittern Tiefe,

Könntest du auch nicht verzeihen,

Daß dein Knecht so kühnlich riefe!

17.

Daß des Lichtes Quelle wieder

Rein und heilig in mir flute,

Träufle einen Tropfen nieder,

Jesus, mir, von deinem Blute!

Jäger und Hirt

Durch den Wald mit raschen Schritten

Trage ich die Laute hin,

Liebe singt, was Leid gelitten,

Schweres Herz hat leichten Sinn.

Durch die Büsche muß ich dringen

Nieder zu dem Felsenborn,

Und es schlingen sich mit Klingen

Durch die Saiten Ros' und Dorn.

In der Wildnis wild Gewässer

Breche ich mir kühne Bahn,

Steig ich aufwärts in die Schlösser,

Schaun sie mich befreundet an.

Haus ich nächtlich in Kapellen,

Stört sich kein Gespenst an mir,

Weil sich Wandrer gern gesellen,

Denn auch ich bin nicht von hier.

Seh ich Zauberschätze glimmen,

Locket bald durch Sumpf und Moor

Mich der Irrwisch hin und stimmen

Muß mein Lautenschlag dem Chor.

Zu der Gnomen Hochzeitfeier,

Zu der Elfen luftgem Tanz

Tönet meine ernste Leier

Unerschreckt im Mondenglanz.

In dem Schoß der Wunderberge

In der Zauberfräulein Haus
Führen mich die schlauen Zwerge
Und ich singe ohne Graus.
Geister reichen mir den Becher,
Reichen mir die kalte Hand,
Denn ich bin ein kühner Zecher,
Scheue nicht den glühen Rand.
Ja beim Mahl zur bösen Stunde
Leert den Becher ich mit Faust,
Wo berührt vom Satansmunde
Höllenglut im Weine braust.
Alles ist mir schon geschehen,
Meine Schale ist erfüllt,
Seit ich selber mich gesehen,
Hab das Antlitz ich verhüllt.
Zu der Mainacht Hexenreihen
Spiel ich nun ein geistlich Lied,
Daß die Schar mit Maledeien
Vor dem fremden Sänger flieht.
In Frau Venus Berg die Leier
Hab mit Keuschlamm ich geschmückt
Und sie hat mich ohne Schleier

An die volle Lust gedrückt.
Doch sie konnte mich nicht rühren,
Sie verging in frommer Scham,
Ließ sich leicht von mir verführen,
Daß sie einen Schleier nahm.
Die Sirene in den Wogen,
Hätt sie mich im Wasserschloß,
Gäbe, den sie hingezogen,
Gern den Fischer wieder los.
Wo der Schwan im Wellenspiegel
In sein Sternbild niedertaucht,
Bricht der Schmerz auch mir das Siegel,
Daß mein Leid im Liede haucht.
Meinen weißen Hirsch verloren
Hab ich mit dem Goldgeweih;
Die in ihm war eingeboren
Starb mit ihm die schöne Fei.
Weh, mich hatte die Meduse
Mit dem Schlangenblick versteint,
Und seitdem hat meine Muse
Nicht gelachet, nicht geweint.
Doch mit scharfen Wünschelruten

Schlug ihr Amor ins Gesicht,
Daß ihr aus in Tränenfluten
Die versteinte Seele bricht.
Bittre Meere um mich rannen,
Und wie auch die Phantasie
Mochte bunte Segel spannen,
Nie ach nie, erschafft ich sie!
Und nun kehre ich von Thule,
Fand da auf des Meeres Grund
Einen Becher, meine Buhle
Trinkt sich nur aus ihm gesund.
Füllet euch ihr ewigen Tage,
Mond und Sonne steigt und sinkt,
Dürstend ich den Becher trage,
Und sie fehlt, die aus ihm trinkt.
Suchend geh ich durchs Gedränge
Und die Schuldner mahnen mich,
Und ich singe viel Gesänge,
Doch im Herzen weine ich.
Wo die Schätze sind begraben
Weiß ich wohl, Geduld, Geduld,
Einer schwebt am Kreuz erhaben,

Der bezahlet meine Schuld.
Während ich dies Lied gesungen
Nahet sich des Waldes Rand,
Aus des Laubes Dämmerungen
Trete ich ins offne Land.
Aus der Eichen zu den Myrten,
Aus der Laube in das Zelt,
Hat der Jäger sich dem Hirten,
Flöte sich dem Horn gesellt.
Während du die Lämmer hütest,
Zähm ich dir des Wolfes Wut,
Wenn du fromm die Hände bietest
Werd ich deines Herdes Glut.
Und willst du die Arme schlingen
Um ein Liebchen zwei und zwei,
Will ich dir den Baum schon zwingen,
Daß er eine Laube sei.
Du kannst Kränze schlingen, singen,
Schnitzen, spitzen Pfeile süß,
Ich kann ringen, klingen, schwingen,
Schlank und blank den Jägerspieß.
Gib die Pfeile, nimm den Bogen,

Mir ist's Ernst und dir ist's Scherz,

Hab die Sehne ich gezogen,

Du gezielt, dann trifft's ins Herz.

Wild getan, wie stolz gesprochen,

Weh der Pfeil flog seine Bahn,

Hat des Lammes Herz durchstochen,

Drohend sah der Hirt mich an.

Dorn ward da die Rosenkrone

Um sein göttlich mildes Haupt,

Vater! rief er, ihn verschone,

Denn er hat an mich geglaubt.

Kein Tierlein ist auf Erden

Dir, lieber Gott zu klein,

Du ließt sie alle werden,

Und alle sind sie dein.

Zu dir, zu dir

Ruft Mensch und Tier

Der Vogel dir singt,

Das Fischlein dir springt,

Die Biene dir brummt,

Der Käfer dir summt.

Auch pfeifet dir das Mäuslein klein:

Herr Gott, du sollst gelobet sein!

Das Vöglein in den Lüften

Singt dir aus voller Brust,

Die Schlange in den Klüften

Zischt dir in Lebenslust.

Zu dir, zu dir

Ruft Mensch und Tier usw.

Die Fischlein, die da schwimmen,

Sind, Herr, vor dir nicht stumm,

Du hörest ihre Stimmen,

Ohn dich kommt keines um.

Zu dir, zu dir usw.

Vor dir tanzt in der Sonne

Der kleinen Mücken Schwarm,

Zum Dank für Lebenswonne

Ist keins zu klein und arm.

Zu dir, zu dir usw.

Sonn, Mond gehn auf und unter

In deinem Gnadenreich,

Und alle deine Wunder

Sind sich an Größe gleich.

Zu dir, zu dir usw.

Zu dir muß jedes ringen,
Wenn es in Nöten schwebt,
Nur du kannst Hülfe bringen,
Durch den das Ganze lebt.

Zu dir, zu dir usw.

In starker Hand die Erde
Trägst du mit Mann und Maus,
Es ruft dein Odem, Werde!
Und bläst das Lichtlein aus.

Zu dir, zu dir usw.

Kein Sperling fällt vom Dache
Ohn dich, vom Haupt kein Haar,
O teurer Vater, wache
Bei uns in der Gefahr.

Zu dir, zu dir usw.

Behüt uns vor der Falle
Und vor dem süßen Gift
Und vor der Katzenkralle,
Die gar unfehlbar trifft!

Zu dir, zu dir usw.

Daß unsre Fahrt gelinge,
Schütz uns vor aller Not,
Und helf uns zu dem Ringe
Und zu dem Zuckerbrot!
Zu dir, zu dir usw.

Wiegenlied eines jammernden Herzens

O schweig nur, Herz! die drohende Sibylle,
Die dir durch deinen Frieden, Wehe! kreischt,
Den grimmen Geier, der dich so zerfleischt,
Bannt dir ein mildes Kind und deckt ganz stille
Die schreinde Wunde dir, mit Taubenflügeln,
Weckt dir den Morgenstern auf stummen Hügeln.
O schweig nur, Herz! Horch! Klang von Engelsschwingen!
Was zuckst du so? du mußt fein leise tun,
Wo man dir singet, wie so sanft sie ruhn,
Die Seligen, dahin wird man dich bringen,
Sei still! was schreist du? einsam ist kein Leben,
Kein Grab; schlaf süß; die Liebste träumt daneben.
O schweig nur, Herz! du hast ja nichts besessen,
Du läßt ja nichts zurück, wem trauerst du?
Auch deines Himmels Augen fallen zu,

Doch seiner Liebe Licht strahlt ungemessen;
Brichst du, bricht jenes Herz? wer bleibt, wird sagen,
O schönre Lust, halb hier, halb dort zu schlagen!
O schweig nur, Herz! du magst wohl selig schweigen,
Was schreist du nur! dir fiel ein süßes Los,
Dich wiegt die Unschuld ohne Grau'n im Schoß,
Aus tiefen Augen blickt dein Himmelszeichen;
Sei ihr nicht schwer, sei selig, träume, schwebe,
Wein um die Traube nicht, wein mit der Rebe!
O schweig nur, Herz! sonst nennt dich einen Raben
Die Liebste, die nur Tauben Futter gibt,
O diene still und treu, bis sie dich liebt,
Werd eine Taube, die nur will sie haben;
O selig, ihr als Taube zu gehören,
So lang sie sich der Raben wird erwehren!
O schweig nur, Herz! und lerne sel'ger schauen
Als andre, in die Huld, die sie umgibt,
Daß sie dir mehr, als allen andern gibt,
Das zwinge sie, dir stumm einst zu vertrauen,
Schweige, dulde, glaube, hoffe, liebe, baue
Dein Elend fromm, daß sie dir ganz vertraue!
Schweig Herz! Kein Schrei!

Denn alles geht vorbei,
Doch daß ich auferstand
Und wie ein Irrstern ewig sie umrunde,
Ein Geist, den sie gebannt,
Das hat Bestand.
Ja, alles geht vorbei,
Nur dieses Wunderband
Aus meines Wesens tiefsten Grunde
Zu ihrem Geist gespannt,
Das hat Bestand.
Ja, alles geht vorbei,
Doch ihrer Güte Pfand,
Jed' Wort aus ihrem lieben frommen Munde,
Folgt mir ins andre Land
Und hat Bestand.
Ja, alles geht vorbei,
Doch sie, die mich erkannt,
Den Harrenden, wildfremd an Ort und Stunde,
Ging nicht vorbei, sie stand,
Reicht mir die Hand.
Ja, alles geht vorbei,
Nur eines ist kein Tand:

Die Pflicht, die mir aus seines Herzens Grunde
Das linde Kind gesandt,
Die hat Bestand.
Ja, alles geht vorbei,
Doch diese liebe Hand,
Die ich in tiefer freudenheller Stunde
An meinem Herzen fand,
Die hat Bestand.
Ja, alles geht vorbei,
Nur dieser heiße Brand
In meiner Brust, die bittre süße Wunde,
Die linde Hand verband,
Die hat Bestand.

Frühes Lied

Fahre fort mit Dornenschlägen,
Weiße Rose, meinem Herzen,
Dem verbrannten, quillt ein Segen,
Aus den Tränen aus den Schmerzen,
Breche ganz mein altes Leben,
Ich muß dir, die so erschienen
Einen bessern Bruder geben

Gott und dir in ihm zu dienen
Alles muß von dir ich nehmen
Kann dir nichts, ach gar nichts geben,
Denn du mußt den Drachen zähmen,
Um dem Herrn den Schatz zu heben,
Sieh, ich beug mich dir zu Füßen
Du Erbarmen, weine nieder,
Lehre mich, wie du zu büßen
Tränenquell der frommen Lieder
All mein Letzen und Verletzen,
All mein Lügen, Trachten, Scheinen,
Darauf sollst den Fuß du setzen
Und so im Triumph erscheinen.
Alles, was du still gelitten,
Deine Not, dein fromm Entsagen,
Hat auch mir das Herz durchschnitten,
Doch du, du hast es getragen
Alles was du je getragen,
Sieh, das hab ich all verschuldet,
Meine Schuld hat dich geschlagen,
Und du hast so fromm geduldet.
Und nun trägst du dies versunkne,

Das dich marterte, dies Herz,
O du Gottesmitleidtrunkne
An dem deinen, himmelwärts!

Die Erde war gestorben

Ich lebte ganz allein,
Die Sonne war verdorben,
Zwei Augen gaben Schein,
Da bot sie mir zu trinken
Und blickte mich nicht an,
Sie ließ die Augen sinken,
Es war um mich getan.
Reg Frühling nur die Schwingen
Sehn nur, du Erde, dich,
Ich kann nichts anders singen,
Als, Jesus schau auf mich.

Es war einmal die Liebe

Die himmelsklare Liebe,
Wohl in gerechtem Zorn,
Und sprach zum blinden Triebe:

Verzeih! heut kriegst du Hiebe
Ganz recht mit einem Dorn.
Da zagt der Trieb betroffen,
Doch kaum hat ihn getroffen
Der Liebe Dornenstreich,
Sind alle Knospen offen,
Der Dorn ganz ohn Verhoffen
Schlug aus voll Rosen gleich.
Es war einmal die Liebe,
Die himmelsklare Liebe,
Sie war vom Trieb betrübt,
Und sprach zum blinden Triebe:
An dir, du Friedensdiebe,
Wird Rache heut geübt.
Doch, als sie sich will rächen,
Entstürzt in Tränenbächen
Das Mitleid ihrer Brust,
Sie kann den Stab nicht brechen,
Die Lieb wird aller Schwächen
Des Triebes sich bewußt.
Es war einmal die Liebe,
Die himmelsklare Liebe,

Sie war vom Trieb gekränkt,
Und sprach zum blinden Triebe:
Wenn dir kein Trost auch bliebe,
Heut wird dir's nicht geschenkt.
Und, um ihm zu gedenken,
Will sie ein Füllhorn senken
Voll von Gerechtigkeit,
Und hat mit Fahnenschwenken
Den Richtplatz mit Geschenken
Der Gnade überstreut.
Ei sag einmal du Liebe,
Du himmelsklare Liebe,
Wer hat dich das gelehrt,
Daß man dem blinden Triebe
Für strenge Dornenhiebe
Nur Rosen mild beschert,
Und daß man für die Rute
Dem blinden Übermute
Nur süßen Honig gibt.
Das lehrte dich der Gute,
Der dich mit seinem Blute
In deiner Schuld geliebt.

Da sang einmal der Liebe,
Der himmelsklaren Liebe,
Der Trieb dies Liebeslied,
Daß Lieb dem blinden Triebe
Das Licht ins Herz einübe,
Das ihr im Auge blüht.
Da sah der Trieb verkläret,
Was Liebe ihm gewähret,
Und beide sprachen fromm:
Du hast mich Trost gelehret,
Du hast mir Licht bescheret,
Trieb sei der Lieb willkomm!
Da faßt einmal die Liebe,
Die himmelsklare Liebe
Sich einen frischen Mut
Und ward dem blinden Triebe,
Daß er nicht irrend bliebe,
Ein Blindenführer gut.
Da lernt der Trieb das Lieben,
Da ward die Lieb getrieben,
Bis sehend er, sie blind,
Und beide sind's geblieben,

Und ich hab es geschrieben,
Lies du und bleib ein Kind!

Das Elend soll ich einsam bauen

O schweige nur, ich kenn das Leid,
Den heißen Schmerz des kranken Pfauen
Der nach der Sonne klimmend schreit,
Ich fühle in dem Abendgrauen
Der Nächte finstre Bitterkeit
Ich war im seligsten Vertrauen
Von je dem grimmen Schmerz geweiht
Und soll das Elend einsam bauen.
Das Elend soll ich einsam bauen,
Die Brunnen die ein Zauberschlag
Hervorrief auf den dürren Auen
Sie wenden sich, der junge Tag
Will nicht mehr auf mich niedertauen
Das Leben bricht mir den Vertrag
Ich soll nun in die Wüste schauen,
Ich, der der Einsamkeit erlag
Soll einsam nun das Elend bauen
Das Elend soll ich einsam bauen

Mir wie dem ersten Mann geschah
Als in des Paradieses Auen
Der Herr ihn einsam trauern sah
Schuf er aus seiner Brust die Frauen,
Der Himmel war der Erde nah
Doch mit dem menschlichen Vertrauen
War Schlange Frucht und Tod auch da.
Drum muß ich einsam Elend bauen
Das Elend soll ich einsam bauen
Verdorben war ich durch das Weib
Wollt in der Jungfrau neu mich schauen,
Die Gott verhießen, daß sie's bleib.
Maria, Zuflucht der Jungfrauen,
Erhalt dem Herren ihren Leib,
Laß sie nicht blinder Not vertrauen
Ob Erde sie vom Himmel treib.
Ich muß mein Elend einsam bauen.
Das Elend soll ich einsam bauen
O Jesus höre mein Geschrei
Brich meiner Seele tiefes Grauen
O Jesus, führ den Kelch vorbei
Mach von der Hölle giftgen Klauen

O Jesus meine Seele frei
Ein armes kindliches Vertrauen
O Jesus meinem Geist verleih
Hilf mir mein Elend einsam bauen.
Das Elend soll ich einsam bauen –,
Wohl auf mein Stab nach Jericho!
Und will dir's vor der Wüste grauen,
Gedenk der Kreuzweg führet so,
Und fällst du in die Mörderklauen,
So kommt die Liebe irgendwo
Dir aus der Ferne zuzuschauen,
Und läßt dich einsam Elend bauen.
Das Elend soll ich einsam bauen,
Weil selbst die Liebe einsam ist,
Ein reines Tier muß wiederkäuen,
Einsam, was es gesellig frißt,
Die Liebe ist jetzt am Verdauen
Und fühlt nicht, daß du hungrig bist
Das aber grad muß dich erbauen
Das Elend auszubauen.

Bestellte Poesie

Bleib nur stille,

Gottes Wille

Hat auch dich ja ausersehn,

Alle Armut, alle Fülle

Wird auch dir vorübergehn.

Bleib nur innig

Treu und sinnig,

Wie dich auch der Engel grüßt,

Spreche: Deine Magd, Herr! bin ich,

Die dir nie ihr Herz verschließt.

Bleib nur heiter,

Blick nicht weiter

Als zum Hirten, der dich führt.

Sorge bricht die Himmelsleiter,

Weil sie aus der Erde rührt.

Bleib vertrauend

Aufwärts schauend,

Nimm nur fremde Not ans Herz,

Und auf die Verheißung bauend

Trag die Erde himmelwärts.

Bleib nur selig,

Ach allmählich
Wird die Nacht vorüber gehn,
Denk, nur wenge Stunden zähl ich,
Schlafengehn wird Auferstehn.
Bleib nur liebend,
Wenn betrübend
Alles Leben treulos scheint,
Stirb du, allen Liebe übend,
Dann stirbst du dem Herrn vereint.
Bleib in Frieden,
Ungeschieden,
Eng getraut dem einzgen Gut,
Der die Arm' ausstreckt hienieden,
Bis Süßlieb am Herz ihm ruht.
Bleib nur betend,
Wenig redend,
Sorge für dein Gartenbeet,
Säend, pflanzend, stützend, jätend,
Bis es reif zur Ernte steht.
Bleib nur kindlich,
Unverbindlich
Dieser lügenvollen Welt,

Einem nur unüberwindlich
Wirk dein Herz ins Siegsgezelt.
Bleib nur leise,
In dem Gleise,
Wird zum Ernste einst das Spiel
Und die wirre, bunte Reise
Tritt zum lichtgeschmückten Ziel.
Bleib nicht, allen
Zu gefallen,
Wählend auf dem Scheideweg,
Ob links?, rechts? zum Traum zu wallen?
Segnend dich zur Seite leg.
Bleib nur hüpfend
Und entschlüpfend,
Allen ab- und zugewandt,
Alle Schleifen hier verknüpfend
Führen nicht ins Vaterland.
Bleib lebendig,
Ganz abwendig
Werd mir nie, o sei mir fromm,
Mit dir leb ich, mit dir end ich –
Fleh! daß uns sein Reich zukomm!

La Vierge aux Rochers

von

Leonardo da Vinci

Dicht von Felsen eingeschlossen,

Wo die Jordansquellen gehn,

Wo die stillen Blumen sprossen,

Ist Johannes hier zu sehn.

Sinnend, in die Ferne zeigend

Sitzt er an der Quelle Rand

Und sein Engel lenket schweigend

Nach demselben Ziel die Hand.

Und wir sehen bei ihm knien,

Die er nur prophetisch schaut,

Jesum Christum und Marien,

Kirche, Bräutigam und Braut.

Jesus beugt sich schon entgegen

Händefaltend jener Flut,

Die auf unbereiten Wegen

Jetzt noch Sklavendienste tut.

Prüfend ihre Hand ausstrecket

Schon des heiligen Geistes Braut,

Ob, der sie zuerst erwecket,

Ob der Segen niedertaut.

Und der Felsen und die Blume

Und die Quelle ahnden still,

Daß zu seinem Heiligtume

Gott sie all gebrauchen will.

Auf den Fels die Kirche bauen,

Mit der Flut uns waschen rein,

Und der Lilie will vertrauen,

Wie er liebt das Jungfräulein.

Sieh, ein jedes tut das seine,

Und so laß uns Buße tun,

Bis zum Bau vereint wir Steine

All am siebten Tage ruhn.

Nimm hin den Faden durch das Labyrinth,

Das schrecklicher als jenes alte ist,

In dessen ausweglosem Pfadgewind

Ein scheußlich Ungeheu'r den Wandrer frißt,

Denn hier mein Freund! schreckt dich kein greulich Tier,

Hier trägt der Drache menschliche Gestalt;

Hier ist die Schlange Weib, der Teufel Kavalier;

Hier tut dir Glanz und Tanz und Farb' und Duft Gewalt,

Hier ist die Sitte Kuppler, Freundschaft Seelverkäufer;
Die Treu Falschmünzer und die Unschuld Werber;
Der Busenfreund Spion, die Ehre Überläufer;
Die Lilie trägt am Hut hier der Verderber,
Mit Rosen deckt sich hier schamlose Schande,
Von Veilchen duftet hier die feile Pest.
Der sichre Weg streift hier am Höllenrande
Und überm Abgrund schwebet hier der Tugend Nest.
Du wagst dich hin! Gott stärke dich zum Helden
Und mach' für Sünd dich taub und blind und lahm;
Auf daß dies Blatt er möge Lügen schelten,
Wenn besser er hinwegzieht als er kam.

Herr, dir sei Lob und Dank

Um immer mich zu finden,
Willst du mich müd und krank
Hier an mein liebes Schmerzensbettlein binden,
Ach, Herr! viel tausend Lob und Dank!
Dein Will geschah' an mir,
Gib nur Geduld, dann strafe,
Ich bin verschuldet dir,
Sei ich dein freies Kind, sei ich dein Sklave,

Ach, nur dein Will gescheh' an mir!

Herr! wie es dir gefällt

Willst du aufs Kreuz mich legen,

Sei ich ans Kreuz gestellt,

Geh kreuzbeladen, Herr, ich dir entgegen,

Ach alles, wie es dir gefällt.

Treu hast du mich geliebt,

Denn, könnt ich dir entfliehen,

Ich hätt dich oft betrübt,

So konntest du mich besser dir erziehen,

Wie treu, Herr, hast du mich geliebt.

Wie ständ es wohl mit mir?

Könnt ich wie andre Kinder

Mich tummeln voll Begier.

Sind andre blind, ach Herr, ich wär noch blinder,

Ach Herr, wie ständ es dann mit mir.

O Herr, wie lieb und gut,

Um viele Liebe zu erwecken,

Wollt'st du mich junges Blut

Als Quell des Mitleids auf das Lager strecken,

O Herr, wie bist du lieb und gut.

Du hast mich heimgesucht,

Gott Dank, daß ich hier liege,
Herr, meiner Leiden Frucht
Lehrt mich mein Engel an der Schmerzenswiege.
Willkomm, Herr, der mich heimgesucht.
Herr! du bedienst dich mein;
Gar manche Trostesworte,
Worin der Name dein
Das Süßste mir, erklingen hier am Orte,
O Freude, du bedienst dich mein!
Wie's ist, so ist es recht,
So schwach, mühselig, schwankend
Von Epheu ein Geflecht
Vom Kreuz gestützt, zum Licht sehnsüchtig rankend.
Herr, wie es ist, ist's recht!
Herr, wär ich fromm und reich
An Demut und an Schmerzen,
Ich wucherte sogleich,
Gäb allen Trost dir hin und litt von Herzen,
Und litt mich fromm und reich.
O himmlische Geduld,
Du kannst mit Schmerzen zahlen,
Nimm auf mein Leid mit Huld,

Ich opfre es vereint mit deinen Qualen.
Sei bei mir, himmlische Geduld.
Die lieben Röschen all
Und große süße Rosen,
Des Freundes Seufzerschall
Schneid ich für Dornen mir aus deinen Rosen,
Nimm dir dein Röschen ganz und all!
Wie wär ich doch so arm
Und könnte nichts verdienen,
Wär mir an deinem Arm
Nicht Lieb und Schmerz und die Geduld erschienen.
Ach, Herr! wie wär ich dann so arm!
Das Röschen, Herr, ist dein;
Könnt laufen ich und hüpfen,
Manch Rosenblättchen fein
Könnt in den Wind hinwehend dir entschlüpfen.
Allein jetzt ist das Röschen dein.
Berührt von Gottes Hand
Treibt mich ein still Entzücken
Am Kreuz empor; zum Pfand
Der Liebe will vielleicht mein Herr mich pflücken.
Dann blüh ich neu in Jesu Hand.

Dir will das Röschen blühn,

Du Haupt voll Blut und Wunden,

Wie seh ich dich erglühn,

Du Bräutigam, von Dornen ganz umwunden,

Dir will das Dornenröschen blühn.

Du hast dein Röschen scharf

Mit Dornen rings versehen,

Daß keiner nahen darf

Als du, der weiß mit Dornen umzugehen,

Du hütest, Herr, dein Röschen scharf.

So ließ ein Pilger einst

Dich Dornenröschen reden,

Wenn du so leiden lernst,

Dann kannst du zu den Wunden Jesu beten

Für alle und den Pilger ernst!

Weihnachtlied

Kein Sternchen mehr funkelt,

Tief nächtlich umdunkelt

Lag Erde so bang,

Rang seufzend mit Klagen

Nach leuchtenden Tagen,

Ach! Harren ist lang.
Als plötzlich erschlossen,
Vom Glanze durchgossen,
Den Himmel sie sieht;
Es sangen die Chöre:
Gott Preis und Gott Ehre!
Erlösung war da.
Es sangen die Chöre:
Den Höhen sei Ehre,
Dem Vater sei Preis,
Und Frieden hienieden,
Ja Frieden, ja Frieden,
Dem ganzen Erdkreis.
Wir waren verloren,
Nun ist uns geboren,
Was Gott uns verhieß,
Ein Kindlein zum Lieben,
Und nie zu betrüben,
Ach, Lieb ist ja süß!
O segne die Zungen,
Die mit mir gesungen,
Du himmlisches Kind!

Und laß dir das Lallen
Der Kinder gefallen,
So lieblich und lind.
O Friede dem Zorne,
O Röschen, dem Dorne
So lieblich erblüht;
Süß lallende Lippe
Des Kinds in der Krippe,
Dir gleicht wohl dies Lied.

Die Gottesmauer

Draus vor Schleswig an der Pforte
Wohnen armer Leute viel.
Ach! des Feindes wilder Horde
Werden sie das erste Ziel.
Waffenstillstand ist gekündet;
Dänen ziehen aus zur Nacht;
Russen, Schweden sind verbündet,
Brechen ein mit wilder Macht.
Draus vor Schleswig, weit vor allen
Liegt ein Hüttlein ausgesetzt.
Draus vor Schleswig in der Hütte

Singt ein frommes Mütterlein:
„Herr, in deinen Schoß ich schütte
Alle meine Sorg' und Pein!"
Doch ihr Enkel, ohn Vertrauen,
Zwanzigjährig, neuster Zeit,
Hat, den Bräutigam zu schauen,
Seine Lampe nicht bereit.
Draus vor Schleswig in der Hütte
Singt das fromme Mütterlein.
„Eine Mauer um uns baue!"
Singt das fromme Mütterlein:
„Daß dem Feinde vor uns graue,
Nimm in deine Burg uns ein!"
„Mutter", spricht der Weltgesinnte,
„Eine Mauer uns ums Haus
Kriegt fürwahr nicht so geschwinde
Euer lieber Gott heraus!"
„Eine Mauer um uns baue!"
Singt das fromme Mütterlein.
„Enkel, fest ist mein Vertrauen,
Wenn's dem lieben Gott gefällt,
Kann Er uns die Mauer bauen,

Was Er will, ist wohl bestellt."
Trommeln rumdidum rings prasseln;
Die Trompeten schmettern drein;
Rosse wiehern, Wagen rasseln;
Ach, nun bricht der Feind herein!
„Eine Mauer um uns baue!"
Singt das fromme Mütterlein.
Rings in alle Hütten brechen
Schwed und Russe mit Geschrei,
Fluchen, lärmen, toben, zechen,
Doch dies Haus gehn sie vorbei.
Und der Enkel spricht in Sorgen:
„Mutter, uns verrät das Lied!"
Aber sieh! das Heer von Morgen
Bis zur Nacht vorüberzieht.
„Eine Mauer um uns baue!"
Singt das fromme Mütterlein.
Und am Abend tobt der Winter,
Um die Fenster stürmt der Nord.
„Schließt die Laden, liebe Kinder!"
Spricht die Alte, und singt fort.
Aber mit den Flocken fliegen

Nur Kosakenpulke 'ran;

Rings in allen Hütten liegen

Sechszig, auch wohl achtzig Mann.

„Eine Mauer um uns baue!“

Singt das fromme Mütterlein.

„Eine Mauer um uns baue!“

Singt sie fort die ganze Nacht.

Morgens wird es still: „O schaue,

Enkel, was der Nachbar macht!“

Auf nach innen geht die Türe;

Nimmer käm er sonst heraus:

Daß er Gottes Allmacht spüre,

Liegt der Schnee wohl haushoch draus.

„Eine Mauer um uns baue!“

Sang das fromme Mütterlein.

„Ja! der Herr kann Mauern bauen!

Liebe, gute Mutter, komm,

Gottes Wunder anzuschauen!“

Spricht der Enkel und ward fromm.

Achtzehnhundertvierzehn war es,

Als der Herr die Mauer baut';

In der fünften Nacht des Jahres

Hat's dem Feind davor gegraut.

„Eine Mauer um uns baue!“

Sang das fromme Mütterlein.

Wo schlägt ein Herz das bleibend fühlt?

Wo ruht ein Grund nicht stäts durchwühlt,

Wo strahlt ein See nicht stäts durchspült,

Ein Mutterschoß, der nie erkühlt,

Ein Spiegel nicht für jedes Bild

Wo ist ein Grund, ein Dach, ein Schild,

Ein Himmel, der kein Wolkenflug

Ein Frühling, der kein Vögelzug,

Wo eine Spur, die ewig treu

Ein Gleis, das nicht stäts neu und neu,

Ach wo ist Bleibens auf der Welt,

Ein redlich ein gefriedet Feld,

Ein Blick der hin und her nicht schweift,

Und dies und das und nichts ergreift,

Ein Geist, der sammelt und erbaut,

Ach wo ist meiner Sehnsucht Braut;

Ich trage einen treuen Stern

Und pflanzt ihn in den Himmel gern

Und find kein Plätzchen tief und klar,

Und keinen Felsgrund zum Altar,

Hilf suchen, Süße, halt o halt!

Ein jeder Himmel leid't Gewalt!

Amen!

Danke, danke, süße Feder!

Liebchen ist es, die dich schnitte,

Solche Huld geschieht nicht jeder,

Denn sie hat nach Kindersitte

Dich mit ihrem Mund benetzet,

Ihre süße linde Lippe,

Die noch nie ein Kind verletzet,

Küßte lindernd deine Nippe,

Und du trankst auch eine Zähre,

Die um mich sie hat vergossen,

Federchen nicht mehr begehre,

Du hast Lust und Leid genossen,

Schwarz will ich dich nie betinten,

Tinte ist so herb und bitter

Und ein Linderkuß gleicht linden

Rosen um ein Perlengitter

Komm und schreib:

Mit meinem Blute

Das die Linde hat versüßet,

O du liebe, süße, gute!

Sei vom treusten Herz gegrüßet

Das an deinem Herzen ruhte

Und gerungen und gebüßet

Und geküßt die scharfe Rute

Wie ein Kind, als sie erblühte

Unter deinen linden Händen,

O du Überfluß der Güte

Willst du nicht dein Werk vollenden?

Lasse doch die Dornenhiebe

Rosen deiner Seele tragen,

Daß mein Blut sich Ruh erschriebe:

Laß die linde Lippe sagen:

Ich vergebe, denn ich liebe.

Ein Becher voll von süßer Huld

Und eine glühnde Ungeduld

Und eine arme trunkne Schuld

Sie lehren mich zu flehen!

Du Becher voll von süßer Huld
Vergib der glühnden Ungeduld
Vergib die arme trunkne Schuld,
Die ins Gericht will gehen.
Den Becher voll von süßer Huld
Darf heut die glühnde Ungeduld
Zur Buße armer trunkner Schuld
Nicht sehn, und möcht vergehen!
Das freut den Becher süßer Huld
Das schmerzt die glühnde Ungeduld
Das straft die arme trunkne Schuld
Mit bittern, bittern Wehen.
O Becher voll von süßer Huld,
Woll' nicht die glühnde Ungeduld,
Ob ihrer armen trunknen Schuld,
Die heute büßt, verschmähen.
Fließ über Becher süßer Huld,
Werd Asche glühnde Ungeduld,
Die mag die arme trunkne Schuld
Gemischt mit Tränen säen.
Auf daß du Becher süßer Huld
Um dich in Schmerzen der Geduld,

Still auf dem Grab der armen Schuld
Die Lilie kann erstehen.
Die Lilie, die voll süßer Huld,
Du sahst im Garten der Geduld
Mit Stern und Engel ohne Schuld
Du leuchten hast gesehen.

Als ich in tiefen Leiden

Verzweifelnd wollt ermatten,
Da sah ich deinen Schatten
Hin über meine Diele gleiten,
Da wußt ich, was ich liebte,
Und was so schrecklich mich betrübte,
O Wunder aller Zierde,
Du feine ernste Myrte.

Gärtnerlied im Liedergarten

der Liebe
Du dauerst mich Seele!
Der so hat gesungen
Die lieblichste Kehle,

Die süß'ste der Zungen.
Wie kannst du noch leben,
Noch andere Lippen
Mit Küssen umschweben?
Ich ging in den Klippen
Berauschet zu Grund,
Hätt je mich so innig,
So innig und sinnig
Der blühende Mund
Der Lieder-Sirene
Begrüßet im Bund.
Ein Liebender bin ich
Und weih eine Träne
Dir, nüchterne Seele,
Dir hat Philomele
In Liedern gerungen,
Mich hat sie bezwungen,
Den Garten der Wonne
Der andern zu bauen,
O süßes Vertrauen!
Ich lenke die Bronnen,
Die trunken verronnen,

Daß frisch sie betauen
Die Blumen, die Lichter,
Die Sterne, die Strahlen,
Die Farben der Dichter,
Um Liebe zu malen,
O seliges Dienen!
Dem Herzen, dem armen
Ist's süß, zu erwarmen
So sonnenbeschienen
Vom Himmel der Augen
Ist's süß, um die schwülen
Gefühle zu kühlen,
Die tötenden Gluten
In hüpfende Fluten
Der Lieder zu tauchen,
Worin sie die Schmerzen,
Die Feuer aushauchen
Vom liebenden Herzen
Ergoß und erkühlte,
Bis Friede sie fühlte.
O Gluten durchwühlt mich,
In denen sie wühlte,

O Fluten umkühlt mich,
In denen sie kühlte,
O Wellen umspielt mich,
In denen sie spielte,
O Blüten umblüht mich,
In denen sie blühte,
O Lieder durchglüht mich,
In denen sie glühte,
O stammelnde Lieder
Voll Wahrheit und Güte,
Mit feurigem Hauche,
Mit Tränen im Auge,
Klingt wieder, klingt wieder,
Mein sind eure Leiden,
Das Ringen, das Zagen,
Das Scheiden, das Meiden,
Das bittre Entsagen.
Weint nieder, weint nieder,
Ihr stammelnden Lieder.
Euch liebt sie, euch schrieb sie,
Ich lieb euch, ich lieb sie,
Doch sie liebt nicht wieder,

Ihr sehnenden Lieder!
Süß ist, eure schlanken
Verlangenden Ranken
Mit Zier auf und nieder
Zu schlingen, zu winden,
In Lauben zu binden;
Und muß hin und wieder
Ein Reblein ich schneiden,
Muß gleich ich mit leiden,
Die Wunden, sie weinen,
Da muß ich mich sehnen,
O liebliche Lieder!
Es sind eure Tränen
Auch immer die meinen,
So such ich und finde
Die süßen Gedanken
Und binde und winde
Sie träumend in Schranken.
Und irre die Pfade
Der Luftlabyrinthe
Bis hin zum Gestade,
Wo unter der Linde

Die dichtende Gnade
Dem liebenden Kinde
Im geistigen Bade
So leuchtend, so linde
Erkühlet die Glut,
O selige Flut,
O trunkener Spiegel
Der schimmernden Glieder,
Du küßtest das Siegel
Der lieblichen Lieder,
Wie war dir zu Mut?
Und wie ich so sehne,
Da lockt die Sirene;
Komm nieder, komm nieder,
Hier hat sie geruht,
Hier duftet der Flieder,
Hier ist es so gut,
Hier löst sie das Mieder
Und taucht in die Flut
Das Wonnegefieder
Der Phönix; ihr Blut
Hat hier in den Wogen

Gebadet die Triebe
Und ist dann geflogen
Durch Feuer und Glut,
Und hat seine Liebe,
Die rot war, verglühet,
Bis weiß sie erblühet
In heiligem Licht,
So sang ein Gedicht.
Mich aber, mich haben
Die Wogen begraben,
In Flammen so rot
Ergriff mich der Tod!
Ach! wüßt es die Linder
Sie riefe die Kinder,
Und käme mit Segen
Ans Ufer gekniet
Und sänge ein Lied,
Das Gott könnt bewegen,
Weil gern sie vergibt,
Sich mein zu erbarmen,
Des Ärmsten der Armen,
Der heiß sie geliebt,

Der alles ihr Lieben
Auch selber muß üben
Und der in den Trieben,
Die sie überlebt,
Zu sterben nicht bebt.

Abschied dem Jahre 1834

Leb wohl du Jahr voll Tränen!
O lasse mich an deinem letzten Tag
Noch einmal selig wähnen,
Daß ich an einem Kinderherzen lag!
Geh hin du Jahr voll Tränen!
Tritt glaubend hin vor Gottes Thron,
Er wird um krankes Sehnen
Dich strenge richten, nimmer doch um Hohn!
O selig Jahr voll Tränen!
War dir auch früh das tiefre Wort geraubt,
So war der Strom der Tränen
Zu ihren Füßen oft dir doch erlaubt!
O liebes Jahr voll Tränen!
O dichte Saat, wie segnend reift dein Schmerz,
O hochbelohnt! mein Sehnen!

Ich fühlte jauchzend, ja! sie hat ein Herz!
O Jahr von heißen Tränen!
Geheimnisvoller, als sie weiß, berauscht,
Was all sie kann verschönen,
Du hast in Tränen sterbend es belauscht.
O Jahr voll bittrer Tränen!
Ist irgend Gottes Wahrheit offenbar,
Ist vieles hier nur Wähnen,
So opfre, weine darum am Altar!
O Jahr voll tiefer Tränen!
Du magst vertraut dein armes müdes Haupt
Ans Kreuz nur ruhig lehnen,
Du hast geliebet, hast gehofft, geglaubt.
O teures Jahr voll Tränen!
Du bist in bittrer Reue Flut getauft,
Der wird uns auch versöhnen,
Der uns mit seiner Weihe Blut erkauft.
Geh hin! du Jahr voll Tränen!
Geh, werfe dich zu ihren Füßen hin!
Und wasche sie mit Tränen
Sag ihr, daß ich ihr armer Bruder bin!
Ihr Bruder ganz in Tränen,

Ihr kranker Bruder, um die eigne Schuld,
Um fremde Schuld in Tränen,
Ihr Bruder weinend um der Väter Schuld!
O sterbe Jahr in Tränen
Weil unsrer Väter Schuld die Kinder trennt,
Und diesen scheint ein Wähnen
Was unsre Mutter ewge Wahrheit nennt.
Leb wohl du Jahr voll Tränen,
O lasse mich an deinem letzten Tag
Noch einmal selig wähnen,
Daß ich an einem Kinderherzen lag.
Weil meine Lieb' zum Grab gegangen,
Und in den starren Blick gesehn,
Und an dem stummen Mund gehangen,
Muß neu mein Schmerz heut auferstehn.
Im Osten hat mir's trüb getaget
Das freudige, das neue Licht;
Die lange Nacht lag ich verzaget,
Dein Abschiedswort verstand ich nicht.
Ein Wehelaut, du Herz der Güte,
Zwei Augen, die mich angeschaut,
Doch was drin flehte, was drin glühte,

Das ward mir Armen nicht vertraut.

Du fühltest wie so krank ich scheide,

Du edles, mitleidtrunknes Herz,

Und gabst erbarmend zum Geleite

Den Ton, den Blick, den eignen Schmerz.

Den Blick sah ich wohl vor mir stehen,

Die lange bang durchweinte Nacht,

Bis ich durch deines Wehlauts Flehen

Aus schönem Schlummer früh erwacht.

Da ist dein Schmerz mich wecken kommen,

Er legte mir aufs Herz die Hand,

Und sprach, du krankes Herz willkommen,

Weil heut der Heiland auferstand.

Willkomm, o Schmerz, so sprach ich wieder,

Mein Herz ist schwer, das Grab ist leer,

Und heiße Tränen sandt ich nieder,

Daß Tau auch in dem Garten wär.

Du zeihtest mich, daß viele Freuden

Mit andern ich nicht teilen kann,

So gib mir Leiden, Leiden, Leiden,

So nimm mein Herz zum Mitleid an.

Die Tränen, die so stürzend fließen,

Sind nicht auf Felsen aufgesät,
Ich weiß, daß Blumen daraus sprießen,
Und daß mein Lieben aufersteht.
Ja aufersteht mit allen Wunden
Nach langen Qualen lichtverklärt,
Wenn alles wieder ist verbunden,
Was zu dem Leib des Herrn gehört.
Jetzt da ich hin zum Garten irre,
Und in die Felsentale seh,
Da sproßt mein Schmerz wie bittre Myrrhe,
Da wird mein Herz wie Aloe.
Blind tapp ich an den Felsenwänden
Und streue auf dem Grabe aus,
Den ich gepflückt von linden Händen,
Den schmerzenvollen Blumenstrauß.
Komm mit, komm mit, schenk eine Träne,
Den Ton, den Blick, zur Spezerei,
Und grüße mit der Magdalene
Den Herrn durch einen Jubelschrei.
Alleluja!

Am Ufer bin ich gangen

Sie schifften auf dem See,
Mein Herz war voll Verlangen,
Ich trug ein heimlich Weh;
Ein Weh, ein Wohl zu sein
So ganz allein, allein, allein!
Ich hab hinaus getragen
Mein Herz, und der es liebt,
Der muß zu Haus verzagen,
Der ist zum Tod betrübt,
Und hört die Turtel schreien
So ganz allein, allein, allein!
So ging ich wohl zwei Stunden,
Und ob ich sein gedacht
Nur wenige Sekunden,
Das hüll ich in die Nacht
Des stummen Herzens ein
So ganz allein, allein, allein!
Es stürmt, der See schlägt Wellen,
Unheimlich saust der Wind,
Nie will ich mich gesellen,
Ich wirres, irres Kind,

Dem, der mich liebt mit Pein
So ganz allein, allein, allein!
Und sollt er auch erblinden
In seiner Tränen Flut,
Nie will ich mich verbinden,
Dem ich am Herz geruht;
Stirbt er, grabt mir ihn ein
So ganz allein, allein, allein!
Schon zittern ihm die Schmerzen
Um das gebrochne Herz
Gleich stillen Totenkerzen;
Ich laß ihn, reißt der Schmerz
Ihm gleich durch Mark und Bein,
So ganz allein, allein, allein!
Es war sein ganzes Leben
Im bittern Weh verglüht,
Da hab ich ihn umgeben,
Da ist er neu erblüht;
Mein ist er, ich nicht sein
So ganz allein, allein, allein!
Wohin, wohin mich wenden?
Ich armes Waiselein,

Von allen Felsenwänden
Hör ich das Echo schrein,
Arm Kind, o du mußt sein
So ganz allein, allein, allein!
Die Wellen sind Gesellen,
Die Vöglein zwei und zwei,
In Ufern gehn die Quellen,
Sein Echo hat mein Schrei,
Und ruft vom Felsenstein
So ganz allein, allein, allein!
Viel bin ich umgezogen,
Hab redlich angeblickt,
War liebevoll gewogen,
Hab freundlich zugenickt!
Die Wahrheit ließ der Schein
So ganz allein, allein, allein!
Und wem ich bot zu trinken,
Der ward so schwer berauscht,
Er ließ den Becher sinken,
Und hat ihn leicht vertauscht,
Den Zauberbecher mein
So ganz allein, allein, allein!

Du einsam Kreuz am Pfade!
Scheu blicke ich hinan,
O süßer Herr der Gnade
Blick doch dein Schäflein an!
Treib treuer Hirt mich ein
Bald ganz allein, allein, allein!
Da spricht's: Tu keinem andern,
Was dir nicht soll geschehn,
Willst du nicht einsam wandern,
So laß nicht einsam stehn,
Laß nicht, willst du nicht sein
So ganz allein, allein, allein!
Will keiner mir begegnen
Auf diesem öden Pfad,
Soll ich die Welt gesegnen,
Verlassen am Gestad?
Da schallt ein Tritt – es naht
Wer ist's? – sein will ich sein
So ganz allein, allein, allein!
Sag liebrer Wandrer, bist du's,
So biete mir gut Zeit.
„Gelobt sei Jesus Christus!"

– In alle Ewigkeit.
Ach ja, wenn es soll sein
So ganz allein, allein, allein!
In Trauer begonnen,
In Reue vollendet
Zum Kreuz gewendet
Mit Tränen beronnen.

Meine Irrtümer in diesem Liede

Wecken meine, so wie deine
Schmerzen tief im Herzen
Immer wieder, wieder
Auf;
Aber leider, leider, leider!
Tränen, Sehnen, Gähnen
Löschen, wäschen
Sie im Fließpapier, Siegspanier
Unsrer Wehmut, Demut
Immer wieder wieder
Aus.
Denn wir lachen, machen Sachen,
Solche Dinger für die Singer,

Lieder draus,

Vor den Mieder einen Strauß!

Jesuskind, du Licht der Blinden

Mache mich doch einmal blind

Daß ich dir, wie mir dies Kind,

Auf dem Pfad mich mög verbinden

Wo du mich auch hin willst führen

Denn mein armes eignes Licht

Kann auch selbst beim Licht noch nicht

Dich das wahre Licht recht spüren

O wie töricht, töricht ist

Der nicht in allem ohne Ausnahm

Folget dir zu jeder Frist.

Säusle, liebe Myrte!

Wie still ist's in der Welt,

Der Mond, der Sternenhirte

Auf klarem Himmelsfeld,

Treibt schon die Wolkenschafe

Zum Born des Lichtes hin,
Schlaf, mein Freund, o schlafe,
Bis ich wieder bei dir bin.
Säusle, liebe Myrte!
Und träum im Sternenschein,
Die Turteltaube girrte
Auch ihre Brut schon ein.
Still ziehn die Wolkenschafe
Zum Born des Lichtes hin,
Schlaf, mein Freund, o schlafe,
Bis ich wieder bei dir bin.

Die Lilie blüht, ich bin die fromme Biene,

Die in der Blätter keuschen Busen sinkt,
Und süßen Tau und milden Honig trinkt,
Doch lebt ihr Glanz, und bleibet ewig grüne
So dann selig mein Gemüt
Weil meine Lilie blüht!
Die Lilie blüht, Gott, laß den Schein verziehn,
Damit die Zeit des Sommers langsam geht,
Und weder Frost noch andre Not entsteht,
So wird mein Glück in dieser Lilie blühn,

So klingt mein süßes Freudenlied:
Ach, meine Lilie blüht!
Dein Lied erklang, ich habe es gehöret,
Wie durch die Rosen es zum Monde zog;
Den Schmetterling, der bunt im Frühling flog,
Hast du zur frommen Biene dir bekehret,
Zur Rose ist mein Drang,
Seit mir dein Lied erklang!
Dein Lied erklang, die Nacht hat's hingetragen,
Ach, meiner Ruhe süßes Schwanenlied!
Dem Mond, der lauschend von dem Himmel sieht,
Den Sternen und den Rosen muß ich's klagen,
Wohin sie sich nun schwang,
Der dieses Lied erklang!
Dein Lied erklang, es war kein Ton vergebens,
Der ganze Frühling, der von Liebe haucht,
Hat, als du sangest, nieder sich getaucht
Im sehnsuchtsvollen Strome meines Lebens,
Im Sonnenuntergang,
Als mir dein Lied erklang!

Ich träumte hinab in das dunkle Tal

Auf engen Felsenstufen
Und hab mein Liebchen ohne Zahl
Bald hier, bald da gerufen
Treulieb, Treulieb ist verloren!
Mein lieber Hirt nun sage mir,
Hast du Treulieb gesehen,
Sie wollte zu den Lämmern hier,
Und dann zum Brunnen gehen
Treulieb, Treulieb ist verloren!
Treulieb in meinem Schoße saß
Dort oben an den Klippen
Und weil die Wangen ihr so blaß,
So küßt ich ihre Lippen
Treulieb, Treulieb ist verloren!
Ich blies die Flöte, ich flocht den Kranz
Ich ging ihr Blumen zu pflücken,
Ich wollte sie zum Abendtanz,
Als meine Buhle schmücken
Treulieb, Treulieb ist verloren!
Da hört sie ein schallendes Jägerhorn
Da tät sie die Öhrlein stellen

Und schwang sich hinüber durch Distel und Dorn
Und folgte dem Waldgesellen.
Treulieb. Treulieb ist verloren!
Ich träumte hinab in den dunklen Wald
Auf engen Felsenstufen
Und habe mein Liebchen, daß es schallt
Bald hier, bald da gerufen.
Treulieb, Treulieb ist verloren!
Mein lieber Jäger nun sage mir
Hast du mein Lieb gesehen,
Sie wollte in das Waldrevier
Zu Hirsch und Rehen gehen.
Treulieb, Treulieb ist verloren!
Treulieb lag heut in meinem Arm
Im Schatten kühler Eichen
Wir herzten uns, es ward ihr warm,
Sie ging ins Bad zu steigen
Treulieb, Treulieb ist verloren!
Der Mühlbursch hell ein Liedlein pfiff
Da tauchte Treulieb unter,
Und tauchte auf, sprang in sein Schiff,
Ohn Hemd doch frisch und munter.

Treulieb, Treulieb ist verloren!

Ich träume hin an Mühlbachs Rand
Auf engen Felsenstufen
Und habe in schallender Klippenwand
Mein Liebchen oft gerufen
Treulieb, Treulieb ist verloren!

Nun lieber Müller nun sage mir
Hast du mein Lieb gesehen
Ich gab ihr Korn, sie wollte hier
Bei dir zur Mühle gehen.
Treulieb, Treulieb ist verloren!

Treulieb ist heut auf weichem Pfühl
In meinem Arm entschlafen,
Es klang die Schelle es klappte die Mühl,
Das Auffüllen hab ich verschlafen.
Treulieb, Treulieb ist verloren!

Und als mich morgens die Reuter geweckt
Die hier vorbei gezogen
Hat sie der Trompeter in Mantel gesteckt
Und mich um sie betrogen
Treulieb, Treulieb ist verloren!

Ich träumte hin auf der Reuter Zug

In Staub erkannt ich die Hufen
Und wo das Herz mir lauter schlug
Hab treulieb ich gerufen.
Treulieb, Treulieb ist verloren!
Mein lieber Reuter willst du mir
Wo Liebchen ist wohl sagen,
Ich weiß sie hat geholfen dir
Dein Zeltlein aufzuschlagen.
Treulieb, Treulieb ist verloren!
Treulieb bei mir im Zelte lag,
Das Pulver hat sie gerochen
Die ganze Nacht, doch früh am Tag
Da ist sie aufgebrochen.
Treulieb, Treulieb ist verloren!
Es zog der Bettelstudent vorbei
Und spielte auf der Leier
Sie guckt hinaus, was es wohl sei
Und folgt dem neuen Freier.
Treulieb, Treulieb ist verloren!
Ich träumte, ich folg der Leier Klang
Hinab viel Felsenstufen
Und habe auf dem bittren Gang,

Mein Liebchen noch oft gerufen
Treulieb, Treulieb ist verloren!
Mein lieber Schüler sage mir
Hast du Treulieb gesehen
Sie wollt, ich weiß es wohl, bei dir
Zur Singeschule gehen.
Treulieb, Treulieb ist verloren!
Treulieb fraß mit mir auf ein Mal
Wohl Bettelbrot zwei Pfunde,
Den Wein den sie dem Reuter stahl
Trank ich aus ihrem Munde.
Treulieb, Treulieb ist verloren!
Doch als ich an der Schmiede stand
Ums Abendbrot zu singen.
Viel größre Freude sie empfand
An kräftgem Hammerschwingen.
Treulieb, Treulieb ist verloren!
Mein lieber Meister wohlgestallt
Sprach sie zum rußgen Mohren
Beschlag mich lieber warm als kalt
Viel Eisen hab ich verloren.
Treulieb, Treulieb ist verloren!

Ich träumt zur Schmiede den schwarzen Gang
Hinab so viele Stufen
Und lauter als der Hammer klang
Hab ich Treulieb gerufen.
Treulieb, Treulieb ist verloren!
Der Meister sprach sie hat der Knecht
Der Knecht, sie hat der Bube
Der Bube wies mich dann zurecht,
Zu Totengräbers Stube.
Treulieb, Treulieb ist verloren!
Ich träumt hinab ins Totental
Wohl tausend dunkle Stufen
Und hab mein Lieb wohl tausendmal
Mit bittrer Angst gerufen.
Treulieb, Treulieb ist verloren!
Mein Totengräber nun sage mir
Hast du mein Lieb gesehen
Auf ihrer Mutter Grab allhier
Wollt sie die Blumen säen.
Treulieb, Treulieb ist verloren!
Treulieb lag bei mir manche Nacht
Und sang mir freche Lieder

Und wenn ich ein Fräulein zu Grab gebracht
Da stahl sie ihr den Mieder
Treulieb, Treulieb ist verloren!
Sie stiehlt der Braut den Junfernkranz
Die schwarzen Totenschuhe
Die zieht sie an und ging zum Tanz,
Und nimmt den Leichen die Ruhe.
Treulieb, Treulieb ist verloren!
Und als sie nach goldnen Ringen sucht
Und in den Sarg tät langen,
Der tote Jude der tief verflucht
Hat zärtlich sie umfangen.
Treulieb, Treulieb ist verloren!
Wo ist des toten Juden Grab,
Wo ruht der böse Bube
Der Totengräber zur Antwort gab
Geh nach der Schindergrube.
Treulieb, Treulieb ist verloren!
Ich träumte zum dunklen Galgen hin
Hinauf viel tausend Stufen
Und hab mein Lieb mit wildem Sinn
Wie Raben und Geier gerufen.

Treulieb, Treulieb ist verloren!
Nun toter Jude sage mir
Hast du Treulieb gesehen,
Sie wollte ganz allein zu dir
Um dich zu taufen gehen.
Treulieb, Treulieb ist verloren!
Sie lag bei mir zur zwölften Stund,
Und hat mir's nicht gedanket
Es heulte zum Mond des Schinders Hund
Der Gehenkte im Galgen schwanket
Treulieb, Treulieb ist verloren!
Da läßt sie die edle vertrauliche Gruft
Und stiehlt mir meine Geschmeider
Und steigt herauf zu dem luftigen Schuft,
Auf der dünnen Galgenleiter.
Treulieb, Treulieb ist verloren!
Ich träumte hinauf ins leere Schloß
Wohl auf den Leiterstufen
Und habe auf jeder Galgenproß
Nach meinem Lieb gerufen.
Treulieb, Treulieb ist verloren!
Nun sag mir mein gehenkter Schuft

Hast du Treulieb gesehen,
Sie schöpfte hier wohl frische Luft
Und wollte um sich sehen
Treulieb, Treulieb ist verloren!
Sie hat mit mir im Mondenschein
Ein Stündchen sich geschaukelt,
Da hob sich Lärm und wildes Schrein
Da kam es heran gegaukelt.
Treulieb, Treulieb ist verloren!
Zuerst der Hexen Troß voran
Auf Gabeln und auf Besen,
Und dann der Meister Urian
Der hat sie sich erlesen
Treulieb, Treulieb ist verloren!
Er faßt die Jungfer sich aufs Korn
Mit angenehmen Sitten
Sie faßt den Teufel bei dem Horn
Zum Blocksberg sie dann ritten.
Treulieb, Treulieb ist verloren!
Ich träumte hinauf die steile Höh
Auf engen Felsenstufen,
Und hab mit Ach und hab mit Weh

Nach meinem Liebchen gerufen
Treulieb, Treulieb ist verloren!
Nun lieber Teufel sage mir
Hast du Treulieb gesehen
Sie kam allein herauf zu dir,
Dich kämpfend zu bestehen.
Treulieb, Treulieb ist verloren!
Treulieb sie küßte mich unterm Schwanz,
Ich war ihr wohlgewogen,
Doch hat sie mir beim wilden Tanz
Ein Ohr schier abgelogen.
Treulieb, Treulieb ist verloren!
Geh nimm sie wieder da sitzet sie,
Auf einem Katzendrecke,
Bist du Treulieb ich laut aufschrie,
Als ich das Luder entdecke.
Treulieb, Treulieb ist verloren!
Mein lieb, Treulieb, nun sage mir
Hast du Treulieb gesehen
Sie soll nun mir in dir allhier
Wahrhaftiglich bestehen
Treulieb, Treulieb ist verloren!

Treulieb, Treulieb sie sitzt allhie
Auf mir dem falschen Schwure.
Treulieb ist Dichterphantasie
Und ich bin deine Hure.
Treulieb, Treulieb ist verloren!

Des toten Bräutigams Lied

Ich ging auf grünen Wegen
Und trug den Hochzeitskranz,
Treu Lieb ging mir entgegen
Geschmückt mit gleichem Glanz.
O wie blinkte ihr Krönlein schön,
Eh die Sonne wollt untergehn!
Und als die lichte Wonne
Sich unter Wolken barg,
Da spielt die letzte Sonne
Im Kranz auf meinen Sarg.
O wie blinkte etc.
Es ging im Witwenschleier
Treu Lieb mit mir zu Grab,
Und schwur, mein einzger Freier
Sinkt mir mit dir hinab.

O wie blinkte etc.

Sie steckt die Myrtenkrone
Auf meinen Totenkranz,
Die Weiber sprachen: Schone
Ihn für den neuen Hans.
O wie blinkte etc.

Sie wollt ihn mir nur geben,
Wollt keines andern sein,
Da lacht das volle Leben
Mir in das Grab hinein.
O wie blinkte etc.

Wer meine Kron erblickte
Und ihre Myrte drauf,
Zu seinem Nachbar nickte:
Der wacht einst selig auf.
O wie blinkte etc.

Doch als neun Monde gingen
Stets müder durch den Sand,
Den Strohkranz sie ihr hingen
Ans Haus ob ihrer Schand.
O wie blinkte etc.

Und die ihr Häcksel streuen

Zur Nacht vor ihre Tür,
Die hören's Kindlein schreien,
Ich kann ja nichts dafür.
O wie blinkte etc.
Auf meiner Krone wehen
Noch ihre Myrten stets,
Doch die sie schimmern sehen,
Die sprechen: ja so geht's!
O wie blinkte etc.
Dem Tode hingegeben
Hat sie ihr Kränzlein leicht,
Da hat das schlechte Leben
Den Strohkranz ihr gereicht,
O wie blinkte etc.
Ihr Kind am Kirchhof spielet,
Und mit dem Abendlicht
Hin nach dem Kränzlein schielet,
Und recht unschuldig spricht,
O wie blinkte etc.
Da hatt ich keine Ruhe
Und mußte auferstehn,
Und ging aus meiner Truhe

Das Kränzlein einzusehn,
O wie blinkte etc.
Ich wollt den Kranz mir holen,
Ins Grab mir auf das Herz,
Das Kind hat ihn gestohlen,
Da fühlt ich wieder Schmerz,
O wie blinkte etc.
Konnt nicht die Stimm erheben,
Nicht schreien: Den Kranz gib her,
Das Totsein wie das Leben
War mir unendlich schwer.
O wie blinkte etc.
Da half mir das Gewissen,
Es nahm dem Kind den Kranz,
Ich hab ihn unzerrissen,
Ich hab ihn rein und ganz.
O wie blinkte etc.
Um einen guten Namen
Freit sie den ärmsten Mann,
Da sie zur Kirche kamen,
Sah sie die Kron nicht an,
O wie blinkte etc.

Da sprach ich aus der Truhe:
Hab Dank für Lust und Schmerz,
Dein Kranz mit ewger Ruhe
Kühlt mir das treue Herz,
O wie blinkte etc.
Wohl mir, daß ich gestorben,
Als er im vollen Glanz,
Mir bist du nicht verdorben,
Ich habe deinen Kranz.
O wie blinkte etc.
Treu will ich ihn aufheben,
Wenn wir uns wiedersehn,
Sollst du im bessern Leben
Mit ihm gezieret gehn.
O wie blinkte etc.
Denn eine einzge Treue
Ist aller Liebe wert,
Und eine einzge Reue
Zerbricht das Richterschwert,
O wie blinkte etc.
Dies hört sie, ist gegangen
Still mit dem armen Mann,

Und sah nun ohne Bangen

Mein einsam Krönlein an!

O wie blinkte etc.

Und wenn die Abendwinde

Leis durch die Kronen ziehn,

Spricht sie zu ihrem Kinde,

Gottlob, die Zeit geht hin.

O wie blinkte mein Krönlein schön,

Eh die Sonne wollt untergehn!

Willkomm, leb wohl!

So spricht ein liebend Grüßen

Zu Lichtern, die den Scheideblick versüßen,

Wenn Dichter unsre ewigen Gedanken

Vermählen in des Augenblickes Schranken.

O Glut! die wir entzünden

Auf Schätzen, die auf Ewgem gründen

Und in der Zeit verschwinden,

Du wirst verrechnet werden

Am Löhnungstag des Himmels auf der Erden!

Hast du den Schein verstanden,

Als ich im Hain gestanden,

Von meiner bunten Hülle,
Von meinen Wunden stille,
Von meines Herzens Tränen,
Von meines Auges Sehnen?
Hat dich gerührt, du feine Garbe,
Der braunen Weizenähre Farbe,
So hat es ein mir liebes Herz doch ausgesprochen,
Ein Herz von Schmerz gebrochen;
Es wird verrechnet werden
Am Löhnungstag des Himmels auf der Erden.
Kannst du mein Licht verstehen,
Wenn tiefe Schatten mich umwehen,
Wird auch mein still Erkennen
In deiner Lampe, kluge Jungfrau, brennen,
Könnt je, was tief mich rührt, dein Herz bewegen,
Wollt' ich in deine Hand es ruhig legen;
Der Seele Blick, so selten nur verstanden,
Des Herzens Schlag, des innig mir verwandten,
Wird all verrechnet werden
Am Löhnungstag des Himmels auf der Erden.
Konnt'st du, als ich vorüberging, mich lieben,
Erkenne auch, was dir von mir geblieben,

Und manche tiefe Aussicht mir erschlossen;
Des Taues Blick im Blumenkelch entsprossen,
Jed' Licht, jed' Wort, jed' leisen Klanges Wenden
Des kranken Herzen, das in Kinderhänden
Gleich einem Vogel stirbt, wird all verrechnet werden
Am Löhnungstag des Himmels auf der Erden.
Was du in mir verstehen kannst und lieben,
Ist, was dich lieben muß und ganz erkennen,
Und ist, was mich von dem, das dir geblieben,
Weil ich's geliebt, erkannt, nie mehr kann trennen,
Und wird verrechnet werden
Am Löhnungstag des Himmels auf der Erden.
Da wird Verwandtes bei Verwandtem stehen,
Und was wir liebten, werden wir verstehen,
Da wird, was du in mir geliebt, aus dir auch fruchten,
Und aus uns wird erblühen, was wir suchten;
Da wird in dir, was du in mir mußt lieben,
Und, was geliebt von mir, bei dir geblieben,
Gar streng verrechnet werden
Am Löhnungstag des Himmels auf der Erden.
Leb wohl, Willkomm! du feine kleine Garbe,
Wenn jemals ich nach heim'schem Brote darbe,

Seh ich die Zeilen an, die du geschrieben,
Und fühl mein Lieben drin, das dir geblieben,
Und denk der Herzen, die da unser denken,
Bis ihre Schmerzen sie zur Erde senken,
Die all verrechnet werden
Am Löhnungstag des Himmels auf der Erden.

Nachtigall, ich hör dich singen

's Herz im Leib möcht mir zerspringen,
Komme doch und sag mir bald,
Wie sich alles hier verhalt'.
Nachtigall, ich seh dich laufen,
An dem Bächlein tust du saufen,
Tunkst hinein dein Schnäbelein,
Meinst es sei der beste Wein!
Nachtigall, wohl ist gut wohnen
In der Linde grünen Kronen,
Bei dir, lieb Frau Nachtigall,
Küß dich Gott viel tausendmal!

Wenn der lahme Weber träumt, er webe,
Träumt die kranke Lerche auch, sie schwebe,
Träumt die stumme Nachtigall, sie singe,
Daß das Herz des Widerhalls zerspringe,
Träumt das blinde Huhn, es zähl' die Kerne,
Und der drei je zählte kaum, die Sterne,
Träumt das starre Erz, gar linde tau' es,
Und das Eisenherz, ein Kind vertrau' es,
Träumt die taube Nüchternheit, sie lausche,
Wie der Traube Schüchternheit berausche;
Kömmt dann Wahrheit mutternackt gelaufen,
Führt der hellen Töne Glanzgefunkel
Und der grellen Lichter Tanz durchs Dunkel,
Rennt den Traum sie schmerzlich übern Haufen,
Horch! die Fackel lacht, horch! Schmerz-Schalmeien
Der erwachten Nacht ins Herz all schreien;
Weh, ohn Opfer gehn die süßen Wunder,
Gehn die armen Herzen einsam unter!

Erntelied

Es ist ein Schnitter, der heißt Tod,
Er mäht das Korn, wenn's Gott gebot;

Schon wetzt er die Sense,
Daß schneidend sie glänze,
Bald wird er dich schneiden,
Du mußt es nur leiden;
Mußt in den Erntekranz hinein,
Hüte dich schöns Blümelein!
Was heut noch frisch und blühend steht
Wird morgen schon hinweggemäht,
Ihr edlen Narzissen,
Ihr süßen Melissen,
Ihr sehnenden Winden,
Ihr Leid-Hyazinthen,
Müßt in den Erntekranz hinein,
Hüte dich schöns Blümelein!
Viel hunderttausend ohne Zahl,
Ihr sinket durch der Sense Stahl,
Weh Rosen, weh Lilien,
Weh krause Basilien!
Selbst euch Kaiserkronen
Wird er nicht verschonen;
Ihr müßt zum Erntekranz hinein,
Hüte dich schöns Blümelein!

Du himmelfarben Ehrenpreis,
Du Träumer, Mohn, rot, gelb und weiß,
Aurikeln, Ranunkeln,
Und Nelken, die funkeln,
Und Malven und Narden
Braucht nicht lang zu warten;
Müßt in den Erntekranz hinein,
Hüte dich schöns Blümelein!
Du farbentrunkner Tulpenflor,
Du tausendschöner Floramor,
Ihr Blutes-Verwandten,
Ihr Glut-Amaranthen,
Ihr Veilchen, ihr stillen,
Ihr frommen Kamillen,
Müßt in den Erntekranz hinein,
Hüte dich schöns Blümelein!
Du stolzer, blauer Rittersporn,
Ihr Klapperrosen in dem Korn,
Ihr Röslein Adonis,
Ihr Siegel Salomonis,
Ihr blauen Cyanen,
Braucht ihn nicht zu mahnen.

Müßt in den Erntekranz hinein,
Hüte dich schöns Blümelein!
Lieb Denkeli, Vergiß mein nicht,
Er weiß schon, was dein Name spricht,
Dich seufzerumschwirrte
Brautkränzende Myrte,
Selbst euch Immortellen
Wird alle er fällen!
Müßt in den Erntekranz hinein,
Hüte dich schöns Blümelein!
Des Frühlings Schatz und Waffensaal
Ihr Kronen, Zepter ohne Zahl,
Ihr Schwerter und Pfeile,
Ihr Speere und Keile,
Ihr Helme und Fahnen
Unzähliger Ahnen,
Müßt in den Erntekranz hinein,
Hüte dich schöns Blümelein!
Des Maies Brautschmuck auf der Au,
Ihr Kränzlein reich von Perlentau,
Ihr Herzen umschlungen,
Ihr Flammen und Zungen,

Ihr Händlein in Schlingen
Von schimmernden Ringen,
Müßt in den Erntekranz hinein,
Hüte dich schöns Blümelein!
Ihr samtnen Rosen-Miederlein,
Ihr seidnen Lilien-Schleierlein,
Ihr lockenden Glocken,
Ihr Schräubchen und Flocken,
Ihr Träubchen, ihr Becher,
Ihr Häubchen, ihr Fächer,
Müßt in den Erntekranz hinein,
Hüte dich schöns Blümelein!
Herz, tröste dich, schon kömmt die Zeit,
Die von der Marter dich befreit,
Ihr Schlangen, ihr Drachen,
Ihr Zähne, ihr Rachen,
Ihr Nägel, ihr Kerzen,
Sinnbilder der Schmerzen,
Müßt in den Erntekranz hinein,
Hüte dich schöns Blümelein!
O heimlich Weh halt dich bereit!
Bald nimmt man dir dein Trostgeschmeid,

Das duftende Sehnen
Der Kelche voll Tränen,
Das hoffende Ranken
Der kranken Gedanken
Muß in den Erntekranz hinein,
Hüte dich schöns Blümelein!
Ihr Bienlein ziehet aus dem Feld,
Man bricht euch ab das Honigzelt,
Die Bronnen der Wonnen,
Die Augen, die Sonnen,
Der Erdsterne Wunder,
Sie sinken jetzt unter,
All in den Erntekranz hinein,
Hüte dich schöns Blümelein!
O Stern und Blume, Geist und Kleid,
Lieb, Leid und Zeit und Ewigkeit!
Den Kranz helft mir winden,
Die Garbe helft binden,
Kein Blümlein darf fehlen,
Jed' Körnlein wird zählen
Der Herr auf seiner Tenne rein,
Hüte dich schöns Blümelein!

Engel, die Gott zugesehn
Sonn und Mond und Sterne bauen,
Sprachen: Herr, es ist auch schön,
Mit dem Kind ins Nest zu schauen.

Am Tage vor dem Abendmahl

Was ich tue, was ich denke,
Alles, was mit mir geschieht,
Herr! nach deinem Auge lenke,
Das auf meine Wege sieht.
Es ist keiner je allein,
Wär auch Erd und Himmel Stein,
Schien kein Mond, kein Sternenschein,
Grüßte auch kein Lüftelein,
Sänge auch kein Vögelein:
Kehrt in jedem Herzen rein
Doch der liebe Gott stets ein.

Armes Kind, es fleht dies Lied

Denke nicht, wer es gesungen,

Wie der Herr, der auch nur sieht
Auf die Herzen und nicht auf die Zungen.
Da ihm heut die Gnade ward,
Die kein Heiliger verdienet,
Sei dem Bruder auch nicht hart,
Sei mit dem Getrennten ausgesühnet.
O vergib mir, so ich dich
Je mit Wort und Tat verletzet,
Recht von Herzen schmerzt es mich,
Sei dir reichlich mit Gebet ersetzet.

Brautgesang

Komm heraus, komm heraus, o du schöne, schöne Braut,
Deine guten Tage sind nun alle, alle aus.
Dein Schleierlein weht so feucht und tränenschwer,
Oh, wie weinet die schöne Braut so sehr!
Mußt die Mägdlein lassen stehn,
Mußt nun zu den Frauen gehn.
Lege an, lege an heut auf kurze, kurze Zeit
Dein Seidenröslein, dein reiches Brautgeschmeid.
Dein Schleierlein weht so feucht und tränenschwer,
Oh, wie weinet die schöne Braut so sehr!

Mußt die Zöpflein schließen ein
Unterm goldnen Häubelein.
Lache nicht, lache nicht, deine Gold- und Perlenschuh
Werden dich schön drücken, sind eng genug dazu.
Dein Schleierlein weht so feucht und tränenschwer,
Oh, wie weinet die schöne Braut so sehr!
Wenn die andern tanzen gehn,
Mußt du bei der Wiege stehn.
Winke nur, winke nur, sind gar leichte, leichte Wink'
Bis den Finger drücket der goldne Treuering.
Dein Schleierlein weht so feucht und tränenschwer,
Oh, wie weinet die schöne Braut so sehr!
Ringlein sehn heute lieblich aus,
Morgen werden Fesseln draus.
Springe heut, springe heut deinen letzten, letzten Tanz.
Welken erst die Rosen, stechen Dornen in dem Kranz.
Dein Schleierlein weht so feucht und tränenschwer,
Oh, wie weinet die schöne Braut so sehr!
Mußt die Blümlein lassen stehn,
Mußt nun auf den Acker gehn.

Wenn die Sonne weggegangen,
kommt die Dunkelheit heran,
Abendrot hat goldne Wangen,
und die Nacht hat Trauer an.
Seit die Liebe weggegangen,
bin ich nun ein Mohrenkind,
und die roten frohen Wangen
dunkel und verloren sind.
Dunkelheit muß tief verschweigen
alles Wehe, alle Lust;
aber Mond und Sterne zeigen,
was mir wohnet in der Brust.
Wenn die Lippen dir verschweigen
meines Herzens stille Glut,
müssen Blick und Tränen zeigen,
wie die Liebe nimmer ruht.

Dürstest du nach ewger Liebe

Oh, so flehe nicht zum Herrn,
Denn in deines Herzens Kern
Steht die Quelle,
Und darüber steht ein Stern,

Er wird dich mit seiner Helle
Immer tief zum Guten rühren
Und zur Quelle würdig führen.
Da magst du den Durst erquicken,
Und wirst du im Niederblicken
Gottes Bild im Wasserspiegel
Mit dir, in dir spiegeln sehn,
Grüß ihn stille.
Ewig wirst du dann am Spiegel
Ewig, ewig blühend stehn.
Also ist des Herren Wille.
Wenn du fromme Sitte übest,
Dich mit Zucht und Tugend kränzest
Und den Spiegel nimmer trübest,
Sieh dann! wie du selig glänzest,
Und wird er dich wieder grüßen,
Wirst du ganz von Wonne schwer
Dich wie keusche Blumen bücken,
Alles Liebe in dich schließen,
Und es wird der Herr dich pflücken
Und des Brunnens irdsches Siegel
Brechen, daß ein weites Meer

Wird die Quelle, himmelsspiegel.

Sonne, Mond und alle Sterne

Stehn dann über dir so klar,

Und das Nahe und das Ferne

Wird dir eigen, wird dir wahr.

Ein Fischer saß im Kahne

Ihm war das Herz so schwer,

Sein Liebchen war gestorben,

Das glaubt' er nimmermehr.

Und bis die Sternlein blinken,

Und bis zum Mondenschein,

Harrt er sein Lieb zu fahren

Wohl auf dem tiefen Rhein.

Da kömmt sie hergegangen

Und steiget in den Kahn,

Sie schwanket in den Knien,

Hat nur ein Hemdlein an.

Sie schwimmen auf den Wellen

Hinab in tiefer Ruh,

Da zittert sie und wanket,

O Liebchen frierest du?

Dein Hemdlein spielt im Winde,
Das Schifflein treibt so schnell;
Hüll dich in meinen Mantel,
Die Nacht ist kühl und hell.
Sie strecket nach den Bergen
Die weißen Arme aus,
Und freut sich, wie der Vollmond
Aus Wolken sieht heraus,
Und grüßt die alten Türme,
Und will den hellen Schein,
Mit ihren zarten Armen,
Erfassen in dem Rhein.
O setze dich doch nieder
Herzallerliebste mein!
Das Wasser treibt so schnelle,
O fall nicht in den Rhein.
Und große Städte fliegen
An ihrem Kahn vorbei,
Und in den Städten klingen
Der Glocken mancherlei.
Da kniet das Mädchen nieder
Und faltet seine Händ

Und seine hellen Augen
Es zu dem Himmel wendt.
Lieb Mädchen bete stille,
Schwank nicht so hin und her,
Der Kahn, er möchte sinken,
Das Wasser treibt so sehr.
In einem Nonnenkloster
Da singen Stimmen fein
Und in dem Kirchenfenster
Sieht man den Kerzenschein.
Da singt das Mädchen helle
Die Metten in dem Kahn,
Und sieht dabei mit Tränen
Den Fischerknaben an.
Der Knabe singt mit Tränen
Die Metten in dem Kahn,
Und sieht dabei sein Mädchen
Mit stummen Blicken an.
So rot und immer röter
Wird nun die tiefe Flut,
Und weiß und immer weißer
Das Mädchen werden tut.

Der Mond ist schon zerronnen,
Kein Sternlein mehr zu sehn,
Und auch dem lieben Mädchen
Die Augen schon vergehn.
Lieb Mädchen guten Morgen!
Lieb Mädchen gute Nacht!
Warum willst du nun schlafen?
Da schon die Sonn erwacht.
Die Türme blinken helle,
Und froh der grüne Wald
Von tausend bunten Stimmen
In lautem Sang erschallt.
Da will er sie erwecken,
Daß sie die Freude hör,
Er sieht zu ihr hinüber
Und findet sie nicht mehr.
Und legt sich in den Nachen
Und schlummert weinend ein,
Und treibet weiter weiter
Bis in die See hinein.
Die Meereswellen brausen
Und schleudern ab und auf

Den kleinen Fischernachen

Der Knabe wacht nicht auf.

Doch fahren große Schiffe

In stiller Nacht einher,

So sehen sie die beiden

Im Kahne auf dem Meer.

Ich kenn ein Haus, ein Freudenhaus

Es hat geschminkte Wangen,

Es hängt ein bunter Kranz heraus,

Drin liegt der Tod gefangen.

In meinem Mantel trag ich hin

Biskuit und süße Weine,

Der Himmel weiß wohl, wer ich bin,

Die Welt schimpft, was ich scheine.

Die eine liest mir in der Hand

Sie will mein Unglück lesen,

Die andre malt mich an die Wand,

Und nennt mich holdes Wesen.

Die dritte weiß sich flink zu drehn

Es schwindeln mir die Sinne

Und jede dieser bösen Feen

Sucht, wie sie mich umspinne.

Doch dorten auf den Arm gelehnt
Sitzt eine stumm und weinet,
Sie hat sich längst mit Gott versöhnt,
Und sitzet doch und weinet.
Was will sie noch in diesem Haus,
Sie muß den Spott erleiden,
Es zischt der freche Chor sie aus,
Du kannst uns doch nicht meiden.
Sie schweigt und weint und trägt den Hohn
Den schweren Büßerorden.
Man zuckt die Achseln, kennt sie schon,
Sie ist zur Närrin worden.
Doch ich berühr um sie allein
Die himmelschreinde Schwelle,
Bei ihr, tret ich zum Saal herein,
Ist meine feste Stelle.
Sie achtet's nicht, sie blickt nicht auf.
Wenn alle tanzend fliegen,
Seh ich mit stetem Tränenlauf
Das bleiche Haupt sie wiegen,
So hundert Tage ohne Ruh

Sah ich sie wanken, weinen
Und sprach, o Weib, welch Kind wiegst du?
Will denn kein Schlaf erscheinen?
Du hast dem Leid genug getan,
Gib mir's, ich will dir's tragen.
Da schrie ihr Blick mich schneidend an,
Doch konnt ihr Mund nichts sagen,
Und neulich nachts, um Mitternacht,
Kam ich mit meiner Laute,
Die Pforte hat sie aufgemacht,
Die noch am Fenster schaute.
Sie zieht mich in den Garten fort,
Sitzt auf ein Hüglein nieder,
Gibt keinen Blick und gibt kein Wort,
Und weinet stille wieder.
Zu ihren Füßen saß ich hin,
Und ehrte ihren Kummer,
Da hat mir Gott ein Lied verliehn,
Ich sang sie in den Schlummer.
Ich sang so kindlich, sang so fromm,
Ach säng ich je so wieder!
O Ruhe komm, ach Friede komm,

Küß ihre Augenlider!
Und da sie schlief, da stieg so hold
Ein Kindlein aus dem Hügel,
Trug einen Kranz von Flittergold
Und einen Taschenspiegel,
Und brach ein Zweiglein Rosmarin,
Das ihm am Herzen grünet,
Und legt' es auf die Mutter hin,
Und sprach: Gott ist versühnet.
Und wo den Rosmarin es brach,
Da bluteten zwei Wunden,
Und als es kaum die Worte sprach,
Ist es vor mir verschwunden.
Die Mutter ist nicht mehr erwacht
Noch schläft sie in dem Garten,
Ich steh und sing die ganze Nacht,
Kann wohl den Tag erwarten,
Da ruft mich Zucht und Ehr und Pflicht
Aus diesem Haus der Sünde,
Doch von der Mutter laß ich nicht
Ob ihrem armen Kinde.
Es winkt zurück, wenn ich will gehn,

Sitzt an des Hügels Schwelle,
Und kann nicht aus dem Spiegel sehn,
Sein Flitterkranz glänzt helle.
Es brach das Haus, der Kranz fiel ab,
Fiel auf den Sarg der Frauen,
Ich blieb getreu, tät bei dem Grab
Mir eine Hütte bauen.
Und daß die Schuld nicht mehr erwacht,
Will ich da ewig singen,
Bis Jesus richtend bricht die Nacht,
Bis die Posaunen klingen.
Oft mit dem Kind in Sturm und Wind,
Sing ich auf meinen Knieen,
O Jesus! du gemordet Kind
Du hast ja auch verziehen!
Ein Tröpflein deines Blutes nur
Laß auf die Mutter fallen,
Das macht uns rein und klar und pur,
Daß wir zum Lichte wallen.

Liebesnacht im Haine

Um uns her der Waldnacht heilig Rauschen
Und der Büsche abendlich Gebet,
Seh ich dich so lieblich bange lauschen
Wenn der West durch dürre Blätter weht.
Und ich bitte: Jinni holde, milde
Sieh ich dürste, sehne mich nach dir
Sinnend blickst du durch der Nacht Gefilde
Wende deinen süßen Blick nach mir.
Ach dann wendet Jinni voll Vertrauen
Ihres Lebens liebesüßen Blick
Mir ins wonnetrunkne Aug' zu schauen
Aus des Tages stillem Grab zurück.
Und es ist so traulich dann, so stille
Wenn ihr zarter Arm mich fest umschlingt
Und ein einz'ger liebevoller Wille
Unsrer Seelen Zwillingspaar durchdringt.
Nur von unsrer Herzen lautem Pochen
Von der heil'gen Küsse leisem Tausch
Von der Seufzer Lispel unterbrochen
Ist der Geisterfeier Wechselrausch.
Auf des Äthers liebestillen Wogen

Kömmt Diane dann so sanft und mild
Auf dem lichten Wagen hergezogen
Bis ihn eine Wolke schlau verhüllt,
Und sie trinket dann an Latmus' Gipfel
Ihrer Liebe süßen Minnelohn
Ihre Küsse flüstern durch die Wipfel,
Küssend, nennst du mich Endymion.
Liest auch wohl mit züchtigem Verzagen
Meiner Blicke heimlich stille Glut
Und es sterben alle deine Klagen
Weil die Liebe dir am Herzen ruht.
Fest umschling ich dich von dir umschlungen
Stirbt in unsrem Arm die rege Zeit
Und es wechseln schon des Lichtes Dämmerungen
Starb schon Gestern wird schon wieder heut.
Wenn die lieben Sterne schon ermatten
Wechseln wir noch heimlich Seligkeit
Träumen in den tiefen dunklen Schatten
Flehend und gewährend Ewigkeit.
Fest an dich gebannt in dich verloren
Zähle ich an deines Herzens Schlag
Liebestammelnd jeden Schritt der Horen

Scheidend küsset uns der junge Tag.

Aus Köllen war ein Edelknecht

Um Botschaft ausgegangen,
Den Vater hielt ihm Engelbrecht
Der Bischof hart gefangen.
Er ging gen Arle manchen Tag
Er ging in schweren Sorgen,
Sein Liebchen ihm im Sinne lag,
Der hätt er es verborgen,
Ganz traurig er am Brunnen lag,
In Busch und grünen Hecken,
Da hört er schallen Hufesschlag,
Und ging sich zu verstecken.
Er sah da einen frohen Mann
Sein Roß zur Quelle lenken,
Ein andrer ritt betrübt heran,
Sein Pferd am Born zu tränken.
Betrübter Mann! der frohe sprach
Gott woll dir Trost verleihen!
O froher Mann! der andre sprach

Was mag dich so erfreuen!
Herr Gottschalk sprach der frohe Mann
Geht frei aus seinen Banden,
Durch ein Mirakel er entrann
Mit allen den Verbannten.
Er hatte eine kleine Maus
Im Kerker zahm erzogen,
Die ging da freundlich ein und aus,
Und war ihm gar gewogen.
Doch einst sein kleiner Freund entlief,
Und wollte nicht mehr kehren,
Herr Gottschalk ihr gar traurig rief
Das Mäuslein wollt nicht hören.
Das schmerzte den getreuen Mann,
Sein Mäuslein wollt er haben,
Mit seinen Freunden er begann,
Nach ihrem Freund zu graben.
Und in der Erde eingescharrt
Fand Meißel er und Feilen,
Womit er ihre Bande hart,
Gar leichtlich konnt zerteilen.
Der andre sprach, mein Schwesterlein

Es liegt gar schwer gefangen,
Und selbst das treue Mäuslein dein
Könnt nicht zu ihr gelangen.
Des Schlosses Dach ist Himmelblau,
Die Mauren grüne Wellen,
Die Graben rings sind Flur und Au,
Die Fenster Fluß und Quellen.
Der süße Knecht die Liebe brach
In ihres Herzens Kammer,
Ihm stürzten die Gesellen nach,
Der Schmerz und böser Jammer.
Die Liebe blies das Lämpchen aus
Die Schmerzen sie bezwungen,
Und legten sie ins kühle Haus
Wohl auf den Tod gefangen.
Am Fels wo wild der Rhein zerschellt,
Wo bös die Schiffe stranden,
Dort ewig Sie gefangen hält,
Der Schlund in kühlen Banden.
Ein Freund des Bischofs sie belog,
Herr Hermann sei erschlagen,
Der insgeheim aus Köllen zog

Den Vater zu erfragen.
Dann zäumten sie die Rosse auf
Und rüst'ten sich zu scheiden
Und gaben sich den Handschlag drauf
Den Bischof zu bestreiten.
Und da sie aus dem Walde schon,
Trat wieder zu der Quelle
Hermann des treuen Gottschalks Sohn
Der traurige Geselle.
Er schrie hinab zum Wasserschloß,
Wo bös die Schiffe stranden,
Wer macht mein Lieb von Feßlen los,
Wer löset ihr die Banden,
Lebwohl lebwohl, Herr Vater mein,
Leb frei in großen Ehren,
Ich hab verlorn das Mäuslein klein,
Das tut mich gar beschweren,
Lebwohl lebwohl, o Kerker mein
Das Mäuslein ist verloren,
Mein Schwert muß meine Feile sein,
Da tät er sich durchbohren.
Und stürzt hinab ins kühle Haus,

Wo Liebchen liegt gefangen,
O Liebchen breit die Arme aus
Ihn treulich zu umfangen.
Und läg gefangen im kühlen Haus
Die mich so hart betrogen,
Sie hätte, eh dies Liedchen aus
Mich auch hinab gezogen –

Draus bei Schleswig vor der Pforte

Wohnen armer Leute viel,
Ach des Feindes wilder Horde
Werden sie das erste Ziel.
Waffenstillstand ist gekündet
Dänen ziehen ab zur Nacht,
Russen, Schweden stark verbündet,
Brechen her mit wilder Macht.
Draus bei Schleswig steht vor allen
Weit ein Häuslein ausgesetzt.
Draus bei Schleswig in der Hütte
Singt ein frommes Mütterlein,
Herr, in deinen Schoß ich schütte
Alle meine Angst und Pein.

Doch ihr Enkel ohn Vertrauen,
Zwanzigjährig neuster Zeit,
Hat den Bräutigam zu schauen
Seine Lampe nicht bereit.
Draus bei Schleswig in der Hütte
Singt ein frommes Mütterlein.
Eine Mauer um uns baue
Singt das fromme Mütterlein,
Daß dem Feinde vor uns graue
Hüll in deine Burg uns ein.
Mutter, spricht der Weltgesinnte,
Eine Mauer uns ums Haus
Kriegt unmöglich so geschwinde
Euer lieber Gott heraus.
Eine Mauer um uns baue:
Singt das fromme Mütterlein.
Enkel fest ist mein Vertrauen,
Wenn's dem lieben Gott gefällt,
Kann er uns die Mauer bauen,
Was er will ist wohl bestellt.
Trommeln rommdidomm rings prasseln
Die Trompeten schmettern drein,

Rosse wiehern, Wagen rasseln,
Ach nun bricht der Feind herein,
Eine Mauer um uns baue
Singt das fromme Mütterlein.
Rings in alle Hütten brechen
Schwed und Russe mit Geschrei,
Lärmen, fluchen, drängen, zechen.
Doch dies Haus ziehn sie vorbei.
Und der Enkel spricht in Sorgen
Mutter, uns verrät das Lied.
Aber sieh, das Heer vom Morgen
Bis zur Nacht vorüberzieht.
Eine Mauer um uns baue
Singt das fromme Mütterlein.
Und am Abend tobt der Winter
An das Fenster schlägt der Nord
Schließt den Laden, liebe Kinder,
Spricht die Alte und singt fort
Aber mit den Flocken fliegen
Vier Kosakenpulke an.
Rings in allen Hütten liegen
Sechzig, auch wohl achtzig Mann.

Eine Mauer um uns baue
Singt das fromme Mütterlein.
Bange Nacht voll Kriegsgetöse,
Wie es wiehert, brüllet, schwirrt,
Kantschuhhiebe, Kolbenstöße.
Weh, des Nachbars Fenster klirrt
Hurrah, Stupai, Boschkai, Kurba,
Vinu, Gleba, Biba, Rack
Schreit und flucht und plackt die Turba.
Erst am Morgen zieht der Pack.
Eine Mauer um uns baue
Singt das fromme Mütterlein.
Eine Mauer um uns baue
Singt sie fort die ganze Nacht.
Morgens ward es still, o schaue
Enkel, was der Nachbar macht!
Auf nach innen geht die Türe,
Nimmer käm er sonst hinaus.
Daß er Gottes Allmacht spüre,
Lag der Schnee wohl mannshoch draus.
Eine Mauer um uns baue,
Sang das fromme Mütterlein!

Ja der Herr kann Mauern bauen.
Liebe fromme Mutter komm,
Gottes Mauer anzuschauen,
Sprach der Enkel und ward fromm.
Achtzehnhundertvierzehn war es,
Als der Herr die Mauer baut,
In der fünften Nacht des Jahres
Hat's dem Feind vor ihr gegraut.
Eine Mauer um uns baue,
Sing ich mit dem Mütterlein.

Schwanenlied

Wenn die Augen brechen,
Wenn die Lippen nicht mehr sprechen,
Wenn das pochende Herz sich stillet
Und der warme Blutstrom nicht mehr quillet:
Oh, dann sinkt der Traum zum Spiegel nieder,
Und ich hör der Engel Lieder wieder,
Die das Leben mir vörübertrugen,
Die so selig mit den Flügeln schlugen
Ans Geläut der keuschen Maiesglocken,
Daß sie all die Vöglein in den Tempel locken,

Die so süße, wild entbrannte Psalmen sangen,
Daß die Liebe und die Lust so brünstig rangen,
Bis das Leben war gefangen und empfangen;
Bis die Blumen blühten;
Bis die Früchte glühten
Und gereift zum Schoß der Erde fielen,
Rund und bunt zum Spielen;
Bis die goldnen Blätter an der Erde rauschten
Und die Wintersterne sinnend lauschten,
Wo der stürmende Sämann hin sie säet,
Daß ein neuer Frühling schön erstehet.
Stille wird's, es glänzt der Schnee am Hügel,
Und ich kühl im Silberreif den schwülen Flügel,
Möcht ihn hin nach neuem Frühling zücken,
Da erstarret mich ein kalt Entzücken –
Es erfriert mein Herz, ein See voll Wonne,
Auf ihm gleitet still der Mond und sanft die Sonne,
Unter den sinnenden, denkenden, klugen Sternen
Schau ich mein Sternbild an in Himmelsfernen;
Alle Leiden sind Freuden, alle Schmerzen scherzen,
Und das ganze Leben singt aus meinem Herzen:
Süßer Tod, süßer Tod

Zwischen dem Morgen- und Abendrot!

Unstet in meinen Schritten

Herr, hab ich oft gefehlt,
Du hast durch mich gelitten,
Ach! Wunden ungezählt.
Laß mich nicht lang mehr wallen,
Führ mich an deiner Hand,
Wo ich nicht mehr kann fallen,
Heim in dein Vaterland.
Laß nicht mein Herz erkalten,
Herr Jesu! du allein
Mach Wesen aus Gestalten,
Und führ den Schein ins Sein.
Es bleichten meine Tränen
Den Schleier nimmer rein,
Herr, schenke meinem Sehnen
Der Gnade Sonnenschein.
Herr, werfe mir herüber
Ein Blatt aus deinem Kranz,
Geschmückt darf ich hinüber
Dann in der Bräute Glanz.

Was wäre der Dichter wunderbar Spiel,
Zög's nicht wie Sonne durch innere Nacht;
Was wohl der Zauber in Ton und Lied,
Der wie der Frühling über Gräber hinzieht,
Wenn er die Lebendigtoten nicht weckte,
Und nicht die feigen Schlummernden schreckte.
Stehet auf! stehet auf! so rufet die Zeit,
Es ist der Richttag,der Herr ist nicht weit.

Was reif in diesen Zeilen steht

Was lächelnd winkt und sinnend fleht,
Das soll kein Kind betrüben,
Die Einfalt hat es ausgesäet,
Die Schwermut hat hindurchgeweht,
Die Sehnsucht hat's getrieben;
Und ist das Feld einst abgemäht,
Die Armut durch die Stoppeln geht,
Sucht Ähren, die geblieben,
Sucht Lieb', die für sie untergeht,
Sucht Lieb', die mit ihr aufersteht,
Sucht Lieb', die sie kann lieben,
Und hat sie einsam und verschmäht

Die Nacht durch dankend in Gebet
Die Körner ausgerieben,
Liest sie, als früh der Hahn gekräht,
Was Lieb' erhielt, was Leid verweht,
Ans Feldkreuz angeschrieben,
O Stern und Blume, Geist und Kleid,
Lieb', Leid und Zeit und Ewigkeit!

Weihelied zum Ziel und Ende

Herr, Gott, dich will ich preisen,
Solang mein Odem weht,
O hör auf meine Weisen,
O sieh auf mein Gebet.
Bin ich im Himmel oben,
Da lern ich andern Sang,
Da will ich hoch dich loben
Mein ewig Leben lang.
Jetzt laß dir wohlgefallen
Mein treu einfältig Lied
Muß doch ein Kindlein lallen,
Wenn es die Mutter sieht.
Nun hab ich auch gesehen,

Wie du so väterlich,

Will nun nichts mehr verstehen

Als dich, mein Vater, dich.

Ich saß in meiner Kammer,

Sah trüb ins Leben hin,

Die Seele rang in Jammer,

Voll Sorge war mein Sinn;

Da floß ein heilig Sehnen

Mir in das öde Herz,

Da brach mein Blick in Tränen

Und schaute himmelwärts.

Da war dein Himmel offen,

Stern traf in Augenstern,

Mein Glauben, Lieben, Hoffen

Fand Gnade vor dem Herrn.

Das Lied, das ich verschwiegen,

Das Lied, das leis ich sang,

Sah ich die Engel wiegen

In Davids Harfenklang.

Und sah, den ich gerühret

Mit meinem Lerchensang,

Zum Herrn von mir geführet

Auf einem Dornengang.
Er sang mit mir zusammen
Mit selgem Flug und Fall,
In Gottes Liebesflammen,
Trotz Lerch, trotz Nachtigall!

Ans Vaterland

Stolz sei wer Mensch sich fühlet! sein Wesen ist
Gehoben aus dem ewigen Feuerborn,
Ein edler Funke; seine Seele
Ausguß der Gottheit und unvertilgbar.
Du bist ein Mensch; drum hebe zum Himmel stolz
Dein Haupt, und blick umher, und verachte den,
Der seines Menschenadels unwert,
Schmählichem Joche den Nacken reichet!